Barbara Maria Bernhard

Sprechen im Beruf

Der wirksame Einsatz der Stimme

öbv & hpt

Die zu diesem Buch gehörige *CD* (ISBN 3-209-**04260**-8) *mit Übungsbeispielen* ist im Buchhandel erhältlich.

Mit diesem Symbol sind im Buch alle Übungen gekennzeichnet, die auf CD aufgenommen sind.

Kopierverbot

Wir weisen darauf hin, dass das Kopieren zum Schulgebrauch aus diesem Buch verboten ist – § 42 Absatz (3) der Urheberrechtsgesetznovelle 1996: „Die Befugnis zur Vervielfältigung zum eigenen Schulgebrauch gilt nicht für Werke, die ihrer Beschaffenheit und Bezeichnung nach zum Schul- und Unterrichtsgebrauch bestimmt sind."

Besonderen Dank für die Anregungen an: Simone Dorenburg, Dr. Michael Bernhard, Herbert Kaiblinger und Pater Dr. Thomas Grießbach.

Die Autorin und der Verlag bitten, alle Anregungen und Vorschläge, die das vorliegende Buch betreffen, an eine der folgenden Adressen zu senden:
öbv&hpt, Lektorat Fachbuch, Frankgasse 4, A-1090 Wien.
E-Mail: ingrid.bernscher@oebvhpt.at

Umschlag: Peter Egelseer, Wien; Foto: Stefan Schwarz
Illustrationen: Barbara M. Bernhard, Wien
Lektorat: Dr. Ingrid Bernscher, Wien

1. Auflage 2003 (1,00)

Layout und Satz: CH&ERN design, Wien
Druck: Styrian Graz

ISBN 3-209-**04103**-2

NEUE RECHTSCHREIBUNG

Inhaltsverzeichnis

KOMMUNIKATIONSTRAINING FÜR AUSGEWÄHLTE SPRECHBERUFE

Vorwort

Sprechen kann doch jeder ...
Aber warum kommt beim einen der Inhalt „rüber", beim anderen nicht? Welche Faktoren bestimmen unsere Wirkung bei den Zuhörern? Was heißt es, gut zu sprechen? Und: Wie kann man es lernen?
Da Sprechen nur dann stimmig sein kann, wenn es zur Person und zur Situation passt, gibt es, isoliert betrachtet, kein „richtiges" oder „falsches" Sprechen. Je nach Beruf muss eine spezielle Sprechsituation gemeistert werden. Diese kann gelingen oder scheitern. Vielleicht kennen Sie eines der folgenden Probleme aus eigener Erfahrung: Sie sind nach Präsentationen heiser; Sie werden schlecht verstanden; es fällt Ihnen schwer, sich auf bestimmte Gesprächspartner einzulassen; Sie sind unsicher im Auftreten; Ihnen fehlt ein logisches Redekonzept?
Ziel einer „Sprechfortbildung" ist es, der Situation angemessen aufzutreten und gleichzeitig authentisch zu bleiben!
Das vorliegende Buch richtet sich an Menschen, die in ihrem Beruf viel sprechen müssen, wie LehrerInnen, PfarrerInnen, KindergärtnerInnen, PolitikerInnen, ProfessorInnen, ManagerInnen, JuristInnen, FremdenführerInnen, VerkäuferInnen, TelefonistInnen und Studierende sprechintensiver Berufe. Exemplarisch bietet der letzte Teil des Buches ein Spezialtraining für zwei ausgewählte Gruppen: pädagogische und kirchliche Berufe.
Das Buch richtet sich nicht an Sprechprofis wie Schauspieler und Mediensprecher, da diese eine spezielle Ausbildung in diesem Bereich benötigen (siehe Barbara Maria Bernhard, Sprechtraining. Professionell sprechen – auf der Bühne und am dem Mikrofon, öbv&hpt 2002).
Es erhebt auch nicht den Anspruch, Fachleuten wie SprecherzieherInnen und SprechwissenschaftlerInnen einen neuen Ansatz zu präsentieren.
Das Buch möchte ein praxisnahes Übungsprogramm für den interessierten Laien anbieten, der im Alltag sein Werkzeug Stimme richtig gebrauchen will. Dabei kann ein Buch natürlich nur eine Ergänzung zum Sprechunterricht mit einem Sprecherzieher / einer Sprecherzieherin sein. Es soll für die Arbeit in verschiedenen Bereichen der mündlichen Kommunikation Unterstützung und Übungsmaterial bieten.
Lesen Sie dieses Buch deshalb nicht nur still für sich, sondern versuchen Sie alle Übungen gleich mitzumachen. Schließlich können Sie auch nicht im Wohnzimmer schwimmen lernen!

GRUNDLAGEN DES SPRECHENS

Analysieren Sie Ihre Sprechstimme

Professionelles Auftreten und kommunikative Kompetenz sind heute im Berufsleben gefragter denn je. Ihre Stimme ist Ihr persönliches Kommunikationsmittel. Und dieses können Sie schulen und entfalten. Da unser Sprechen für uns kaum mehr bewusst abläuft, müssen wir an Veränderungen über lange Zeit immer wieder arbeiten. Es braucht Geduld, die Wahrnehmung zu schärfen und neue Grundhaltungen in Bezug auf das Sprechen zu verinnerlichen, bis wir sie selbstverständlich in Alltag und Beruf umsetzen können.
Um an Ihrer Sprechweise etwas zu verändern, ist es zunächst notwendig, dass Sie Ihre Stimme kennen und einschätzen lernen. Das wird am Anfang mühsam und vielleicht sogar unangenehm sein. Es kann geradezu erschreckend sein, die eigene Stimme aufgenommen zu hören oder sich auf Video zu sehen, denn die Perspektive unserer Wahrnehmung ist dann eine neue. Das ist beruhigenderweise aber normal und legt sich mit der Gewohnheit.
Ihr Gehör spielt bei der Selbstwahrnehmung eine entscheidende Rolle. Es ermöglicht Ihnen, sich ständig wahrzunehmen und zu überprüfen. Um Ihr Gehör zielgerichtet einzusetzen, machen Sie die folgenden Übungen:

Übungen zur Selbstwahrnehmung

- Nehmen Sie Ihre Stimme auf. Suchen Sie sich dazu einen Zeitungsartikel und lesen Sie ihn laut. Sprechen Sie danach noch ein paar Sätze frei über das Thema des Artikels und kommentieren Sie ihn.

- Nehmen Sie ein Gespräch mit einem Partner auf Video auf. Einigen Sie sich vorher über die Art des Gesprächs (z.B. Smalltalk, Diskussion über bestimmtes Thema).
- Hören und sehen Sie sich die Aufnahmen an und versuchen Sie das, was Ihnen auffällt, in Worte zu fassen. Versuchen Sie dabei sachlich zu bleiben und nicht nur zu werten.

Die folgende Tabelle schlägt Ihnen eine Liste von Beobachtungskriterien vor, auf die Sie beim Analysieren von Stimmen achten können. Sie finden zu jedem Kriterium störende Auffälligkeiten beschrieben.

Die sprecherischen Mittel

hörbare Kriterien	sichtbare Kriterien	sprachlich-rhetorische Kriterien
• **Atmung** hörbar geschnappt? • **Schmatzgeräusche** ablenkend und störend? • **Tempo** zu schnell/zu langsam? • **Pausen** zu wenig/zu viel? • **Rhythmus** abgehackt / zu gleichförmig? • **Lautstärke** zu leise/zu laut? • **Tonhöhe** zu tief gedrückt/ zu hoch? • **Stimmklang** verhaucht, näselnd, gepresst etc? • **Aussprache** Dialekt/ Hochlautung?	• **äußere Erscheinung** unpassend? • **Stand** starr/schwankend? • **Haltung** geschlossen? • **Gestik** fehlend/sprunghaft? • **Mimik** fehlend/grimassierend? • **Blickkontakt** fehlend/fixierend/ durch häufiges Zwinkern gestört? • **Verhalten im Raum** zu nah am Zuhörer/ zu weit weg vom Zuhörer?	• **Wortwahl** zu viele Fremdwörter? • **Gelenkwörter (aber, deshalb)** zu wenig? • **Satzbau** zu kompliziert? • **Gliederung** zu starr/wirr? • **Wiederholungen** zu viel/zu wenig? • **Prägnanz/Logik** nicht einleuchtend bzw. nachvollziehbar? • **Bildhaftigkeit** zu wenig/zu überladen? • **Sprichwörter** unpassend? • **Füllwörter/Verlegenheitslaute** zu oft?

Stellen Sie sich zu Ihrem Sprechen nun folgende Fragen:

1.➡ „Was habe ich gehört?“ (Gehörtes genau mit Begriffen beschreiben)
2.➡ „Wie hat das auf mich als Zuhörer gewirkt?“ (Wirkung aus der Zuhörerperspektive beschreiben)
3.➡ „Was wünsche ich mir als Veränderung?“ (Wunsch zur Verbesserung äußern)

Hören Sie nun die Sprechbeispiele auf der CD Track2 bis 6.
Alle vier Personen reden über das gleiche Gemälde. Versuchen Sie anhand der Kriterienliste das Sprechen der einzelnen Personen zu charakterisieren.
Finden Sie abschließend heraus, welche Person Sie am meisten anspricht. Wem konnten Sie am besten zuhören? Und warum?

Die folgenden Kapitel sollen Ihnen helfen, Ihre Selbstwahrnehmung zu schärfen und durch gezielte Übungen Ihr Sprechen zu verbessern. Dazu wurden aus verschiedenen Bereichen der mündlichen Kommunikation wichtige Gebiete herausgegriffen. So bekommen Sie einen Überblick darüber, was zu einer Sprechfortbildung gehören kann, und können herausfinden, wo Ihre persönlichen Stärken und Schwächen liegen. Die Übungen sind so angelegt, dass Sie selbstständig an Ihrem beruflichen und privaten Auftreten arbeiten können.

Wenn Sie noch nie Sprechunterricht hatten, kann es sein, dass Ihnen manche Übungen fremd oder kindisch vorkommen. Versuchen Sie deshalb, sich stets auf den Übungseffekt zu konzentrieren und weniger darauf, ob sie die Übung komisch anmutet.

Wie entsteht Stimme?

Physiologische Grundlagen

Wahrscheinlich ist Ihnen bekannt, dass die Stimme im Hals, genauer gesagt im Kehlkopf erzeugt wird. Dort befinden sich die Stimmbänder (auch *Stimmlippen* genannt), die in Schwingung gebracht werden. Die Stimmbänder sind übrigens nur knapp 2 cm lang und hängen nicht im Hals, wie oft angenommen wird, sondern liegen sagittal. D. h., sie verlaufen vom vorderen Hals in Richtung Nacken.

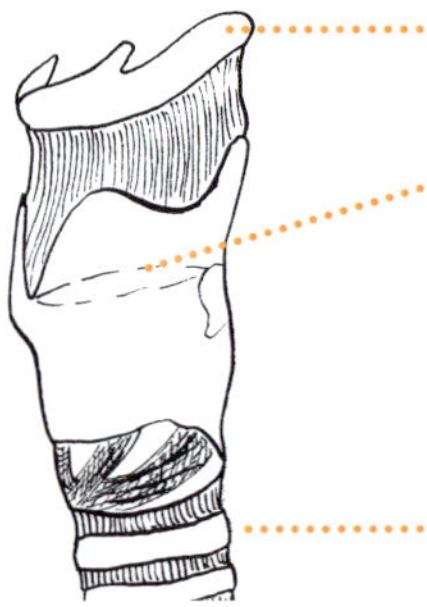

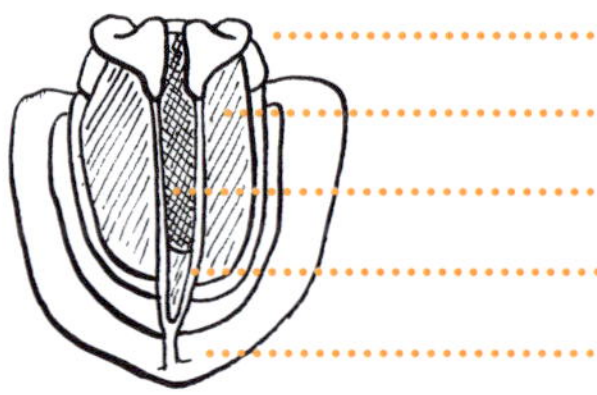

Die Stimmbänder von oben gesehen

Die Stimmbänder werden durch Luft zum Schwingen gebracht. Diese Luft kommt aus der Lunge. Wenn sich unser Hauptatemmuskel, das Zwerchfell, nach unten bewegt, dehnt es die Lungenflügel so, dass sie Luft einsaugen (siehe Abbildung nächste Seite).
Wenn sich das Zwerchfell wieder nach oben bewegt, wird die Luft ausgeatmet. Wenn die Stimmbänder im Kehlkopf aktiv sind, d. h. durch die Ausatemluft zum Schwingen gebracht werden, entstehen dort Schallwellen. Sie gelangen weiter in den Rachen. Dort breiten sie sich aus und werden im Mund verändert. Durch die Stellung und Bewegung von Zunge, Lippen und der anderen Artikulationsorgane werden Sprechlaute gebildet. Durch ein sinnvolles Aneinanderfügen solcher Laute entsteht Sprechen.
Es wird deutlich, dass viele Organe am Sprechvorgang beteiligt sind. Allen voran natürlich das Gehirn, das die Abläufe koordiniert.
Um Stimmtraining erfolgreich durchzuführen, ist es wichtig, unseren Körper als „Instrument" für die Stimme zu begreifen. Denn nur durch die Veränderung der gesamten Körperspannung ist es möglich die Spannung der Stimmbänder und das Stimmvolumen zu verbessern.

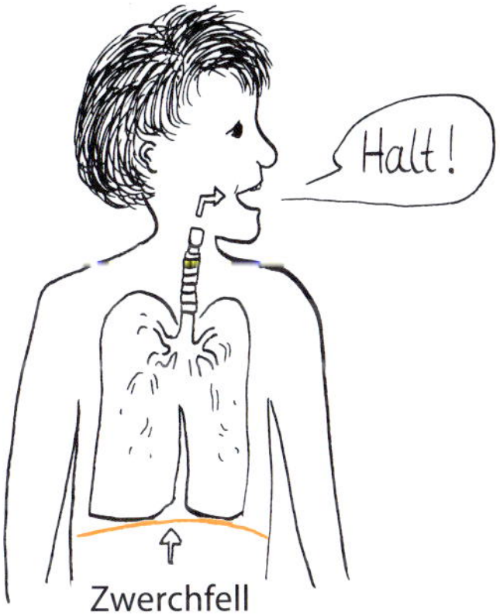

Vielleicht kennen Sie den passenden Vergleich mit einem Geigenkasten: Der Geigenkasten sei unser Körper, die Saiten unsere Stimmbänder. Für die Klangqualität sind die Bauart des Resonanzkörpers und das Holz des Geigenkastens verantwortlich sowie der richtige Gebrauch!
Wir können zwar unseren angeborenen Körperbau und unsere Kopfhöhlen nicht grundlegend verändern, allerdings die Schallausbreitung im Körper optimieren. Dies gelingt uns durch Stimmübungen.

Stimmstörungen

Eine *Stimmstörung* liegt vor, wenn am Instrument selbst etwas kaputt ist oder wenn es auf Dauer falsch gebraucht wird. Es kann also eine organische Störung vorliegen oder eine funktionelle.
Organische Störungen sind z. B. Stimmbandlähmungen. Funktionelle Störungen entstehen durch eine falsche Sprechtechnik. Oft sind es jahrelange ungünstige Sprechgewohnheiten wie Pressen, Hauchen, Näseln oder schlampige Artikulation, die dem Sprecher im Alltag nicht mehr auffallen. Erst wenn die Stimme müde wird oder wenn der Sprecher nicht mehr gut verstanden wird, wird die Stimmstörung bewusst. Wird eine solche Störung chronisch, kann sie ebenfalls zur organischen Störung werden (z. B. Stimmbandknötchen).
Wie können Stimmstörungen rechtzeitig entdeckt werden? Wie machen sie sich bemerkbar?
Meist ist eine lang andauernde Heiserkeit, die besonders abends bemerkt wird, das erste Alarmzeichen. Ebenso können Druckgefühle oder Schmerzen im Kehlkopfbereich ein Zeichen für eine Störung sein. In diesen Fällen sollten Sie einen Arzt aufsuchen. Ein HNO-Arzt oder besser ein Phoniater (Facharzt für Stimm- und Sprechstörungen) kann Erkrankungen dieser Art erkennen und heilen oder zu einem Stimmtherapeuten bzw. Logopäden überweisen.
Wenn Sie durch Ihren Beruf stimmlich sehr stark gefordert sind, empfiehlt es sich alle ein bis zwei Jahre eine Routineuntersuchung durchführen zu lassen.

Frei durchatmen und entspannen

Wie Sie auf den letzten Seiten erfahren konnten, sprechen wir nicht nur mit dem Kehlkopf, sondern im Grunde mit dem ganzen Körper. Die Körperspannung ist verantwortlich dafür, wie unsere Stimme klingt! Vielleicht konnten Sie selbst einmal bei sich bemerken, dass Ihre Stimme anders klingt, wenn Sie müde sind, als wenn Sie aufgeregt sind. Am Telefon ist das besonders deutlich, wenn wir jemanden aufgeweckt haben. Meist braucht uns der Gesprächspartner dies gar nicht zu sagen - wir hören es an seiner Stimme. Ebenso bemerken wir an der Stimme, wenn jemand traurig, belustigt oder gelangweilt ist.
Das zeigt deutlich, dass unsere körperliche und emotionale Verfassung Einfluss auf unsere Stimme haben. Muskelspannung, Atem und Stimmspannung hängen zusammen. Durch gezielte Körper- und Atemübungen verfeinern wir unsere Wahrnehmung für derartige Spannungsunterschiede und schaffen eine günstige Körpergrundspannung. Diese bietet optimale Voraussetzungen für eine gesunde und kräftige Stimme.

Körper- und Atemübungen

Viele Menschen sind heutzutage in Beruf und Alltag gestresst, also überspannt. Dadurch wird die Atmung flach. Wir fühlen uns körperlich ausgelaugt und schlapp. Die Stimme klingt kraftlos oder hektisch.
Im Folgenden finden Sie Übungen zur Entspannung und Belebung des Körpers. Ziel dabei ist es, die Energie im Körper so zu „verteilen“, dass sie an den richtigen Stellen eingesetzt werden kann. Ebenso soll die Atmung vertieft werden. Das ist die Grundlage für eine belastbare und leistungsfähige Stimme.
Sie können die Übungen direkt in Ihren Berufsalltag integrieren und sie sozusagen „zwischendurch“ machen. Sie brauchen dazu nur einen einigermaßen ruhigen Raum, in dem Sie ungestört sind. Sie können je nach Zeit und Bedürfnis eine einzelne Übung herausgreifen, aber auch den ganzen Katalog durchgehen. Wichtig ist in jedem Fall, dass Sie sich ganz auf die jeweilige Übung einlassen.

Entspannung im Sitzen

CD Track 7

Ziel: Lösung des Körpers und der Stimme

- Setzen Sie sich bequem hin und stellen Sie die Füße am Boden auf. Lehnen Sie sich an. Achten Sie jedoch darauf, dass Ihr Bauch nicht abgeknickt, sondern einigermaßen aufgerichtet und frei ist. Die Hände können Sie auf den Schenkeln ablegen.

Atmen Sie einmal bewusst aus, um überschüssige Spannung abzubauen. Warten Sie dann den neuen Einatemzug ab.

Spüren Sie nun die Sitzfläche einmal ganz genau: Gehen Sie mit der Aufmerksamkeit von der Stuhllehne über die Stuhlfläche und spüren Sie, an welchen Kontaktpunkten Sie Ihr Körpergewicht ablegen. Lassen Sie an diesen Stellen wirklich bewusst locker.

Auch an den Füßen können Sie Gewicht an den Boden abgeben. Stellen Sie sich vor, dass Ihre Beine zwei weitere Stuhlbeine sind. Versuchen Sie, den Boden durch alle „sechs Stuhlbeine“ hindurch zu spüren.

Legen Sie nun die Hände auf den Bauch. Warten Sie, bis sich Ihr Bauch von allein mit Atem füllt. Lassen Sie zu, dass Ihr Bauch dabei runder wird. Beim Ausatmen werden Sie bemerken, dass der Bauch wieder kleiner wird.
Beobachten Sie diesen regelmäßigen Rhythmus der Atembewegung einige Male in Ruhe, ohne einzugreifen. Versuchen Sie dem Atem dabei „den Weg frei zu geben“ und keine unnötigen Muskeln anzuspannen.

Beschreiben Sie das, was Sie wahrnehmen: „Ist die Atmung schnell oder langsam? An welchem Ort im Körper ist sie besonders zu spüren? Ist die Atmung ‚klein‘ oder ‚groß‘?“

Bleiben Sie in dieser Aufmerksamkeit einige Minuten sitzen.

Abschließend können Sie sich ein wenig strecken und dehnen, um die Körperaktivität wieder anzuregen.

Sprechen Sie abschließend einen Satz in den Raum. Zum Beispiel: „Heute ist ein schöner Tag."
Wo fühlen Sie nun Ihre Stimme?

„Klarer Kopf" (nach Alice Schaarschuch)

CD Track 8

Ziel: Entspannung der Augen, Sammlung und Konzentration

- Setzen Sie sich auf einen Stuhl und stellen Sie die Füße am Boden auf. Stützen Sie die Ellenbogen auf einen Tisch.
Legen Sie die Hände sanft auf Ihr Gesicht und bedecken Sie dabei die Augen mit den Handflächen so, dass kein Druck auf den Augenlidern lastet.
Die geschlossenen Augen können sich jetzt in den dunklen Handmulden entspannen.
Warten Sie, bis Ihr Atem regelmäßig und langsam wird. Achten Sie vor allem darauf, dass Sie vollständig ausatmen, bis die neue Luft von selbst wieder einströmt.

Bleiben Sie so einige Zeit sitzen und genießen Sie die Ruhe und Dunkelheit.

Lösen Sie dann bei einem Einatemzug die Hände wieder und öffnen Sie die Augen vorsichtig. Lassen Sie das Licht und den Raum genau auf sich wirken. Geben Sie nun Ihren Sinnen genug Zeit, bevor Sie weiter üben oder wieder an die Arbeit gehen.

Seufzen

CD Track 9

Ziel: Lösen der Atemmuskulatur

- Setzen Sie sich wieder bequem hin und stellen Sie die Füße auf. Warten Sie, bis sich Ihr Körper automatisch mit Atemluft füllt. Wenn Ihr Körper „voll“ ist mit Luft, lassen Sie die ganze Luft auf einmal heraus. Atmen Sie dabei durch den Mund aus. Der Atem kann mit einem Hauchgeräusch ausströmen. Es ist wie eine plötzliche Entspannung nach einer Anstrengung - ein Seufzen! Dann passiert einen Moment lang gar nichts. Genießen Sie diesen Augenblick und warten Sie auf den neuen Einatemimpuls.
  Lassen Sie ein paar „normale Atemzüge“ folgen, bevor Sie wieder seufzen.

  Machen Sie nun in Ihrem eigenen Tempo weiter. Es soll ein angenehmes Kommen und Gehen des Atems sein. Wichtig dabei ist, dass Sie versuchen, möglichst natürlich zu bleiben. Machen Sie keine technische Übung daraus, sondern geben Sie sich die Möglichkeit, durch das Seufzen zu entspannen.

  Stellen Sie abschließend kurz fest, ob Sie eine Veränderung im Atemgefühl bemerken können.

Abklopfen

CD Track 10

Ziel: Belebung der Haut und der Atmung

- Stellen oder setzen Sie sich aufgerichtet hin. Klopfen Sie Ihren Körper mit den Händen von oben bis unten ab. Die Hände und Handgelenke sind dabei locker. Schlagen Sie nicht auf sich selbst ein, sondern tun Sie sich etwas Gutes.
  Wenn Sie einen Arm abklopfen, so hängt er locker. Auch die Beine sind locker und die Knie nicht durchgedrückt. Achten Sie darauf, den Atem nicht anzustauen, sondern locker weiterfließen zu lassen. Spüren Sie danach den Spannungsausgleich und die Anregung im Körper.

Schütteln

CD Track 11

Ziel: Erfrischung des Körpers und der Atmung

- Stellen Sie sich hin und lockern Sie Ihren ganzen Körper durch. Beginnen sie mit den Armen: Schleudern Sie Ihre Arme kurz und rhythmisch in alle Richtungen. Stellen Sie sich vor, Sie wollen einen Kaugummi abschütteln, der an Ihren Fingern klebt.

  Schütteln Sie dann Ihre Beine nacheinander aus – Sie können wieder die Vorstellung vom Kaugummi als Hilfe nehmen.

  Finden Sie nun heraus, welche Schüttelbewegungen Sie mit dem Becken und dem Oberkörper machen können.
  Alle Bewegungen sollen sich angenehm anfühlen. Der Atem wird dabei nicht angehalten, sondern kann frei weiterströmen.

  Bleiben Sie schließlich einige Augenblicke still stehen und bemerken Sie die Anregung von Körper und Atembewegung.

Abstreichen

CD Track 12

Ziel: Überschüssige Spannung loswerden

- Streichen Sie Ihren Körper mit den Handflächen ab. Beginnen Sie mit den Armen: Setzen Sie bei einer Schulter an und streichen Sie schwungvoll hinunter bis über die Hand. Der passive Arm hängt dabei möglichst locker.

  Am besten atmen Sie beim Abstreichen aus, und zwar durch den Mund.

  Machen Sie dann bei den Beinen weiter: Legen Sie dazu beide Handflächen auf den Rücken (im Lendenwirbelbereich) und streichen Sie von dort kraftvoll über das Gesäß, weiter über die Kniekehlen bis zu den Fersen hinunter.

Sie können sich dabei vorstellen, den ganzen Stress abzustreichen und sich davon zu befreien.
Stehen Sie dann einen Augenblick ruhig da und bemerken Sie, wie sich Ihr Körper anfühlt.

Versuchen Sie nun das neue Körpergefühl und die freie Atmung in Ihren Alltag „mitzunehmen"!
Sicher wird Ihnen mit der Zeit die positive Auswirkung auf Ihre Stimme und auf Ihre gesamte Kommunikation bewusst.

Volumen in der Stimme – Sprechen ohne Anstrengung

Woran liegt es, dass manche Stimmen einen Raum mühelos füllen und dazu noch angenehm klingen – andere Stimmen dagegen dünn wirken und sich nicht durchsetzen können?
Es gibt einerseits die „Naturtalente“, die von klein auf eine große Stimme haben und sich nie bemühen müssen, um laut genug zu sein. Andererseits können Tragfähigkeit und Volumen der Stimme „erlernt“ werden!
Zwei grundlegende Dinge sind dafür entscheidend: eine große Kieferöffnung und Ihre richtige Sprechstimmlage!
Ebenso ist eine deutliche Artikulation an der Stimmkraft beteiligt. (Siehe Kapitel: „Deutlich artikulieren“)

Die Kieferöffnung

Viele Menschen haben es sich abgewöhnt, „den Mund aufzumachen“. Dadurch wirkt das Sprechen unscheinbar und verhalten. Es erreicht das Gegenüber nicht.
Gerade für das Volumen der Stimme ist es aber wichtig, den Mund wirklich zu öffnen! Wenn Sie dem Klang dieses „Tor zur Freiheit“ verschließen, kann sich die Stimme nicht laut und frei im Raum ausbreiten und das Sprechen wird anstrengend.

Oft ist eine verkrampfte Kaumuskulatur an der Enge im Mundbereich beteiligt. Dem können Sie vorbeugen, indem Sie täglich Ihre Kaumuskulatur über dem Kieferknochen mehrmals kräftig von oben nach unten ausstreichen.

Um die Kieferöffnung bewusst zu erleben, ist die Gähnübung besonders geeignet. Beim Gähnen wird der Mund- und Rachenraum gedehnt; ebenso die Atemmuskulatur. Außerdem versorgt Gähnen das Gehirn mit neuem Sauerstoff. Gähnen ist also sehr gesund, denn es macht den Körper ausgeglichen und aktiv – auch wenn Sie anfangs vielleicht das Gefühl haben, dass Sie durch Gähnen erst recht müde werden. Sehen Sie einmal einem Hund oder einer Katze beim Gähnen zu. Es ist spannend zu beobachten, wie der ganze Körper an dieser Dehnung beteiligt ist. Die Natur macht uns die Übung sozusagen vor.

Gähnübung

CD Track 14

■ Setzen Sie sich bequem hin und gähnen Sie nach Herzenslust laut und ohne vorgehaltene Hand. Stehen Sie dann auf und dehnen und räkeln Sie sich dazu.

Beachten Sie dabei:

✓ Wandeln Sie beim Gähnen die Luft in einen lauten Ton um und vermeiden Sie ein dünnes Hauchen.
✓ Nutzen Sie alle Lagen der Stimme aus. Fangen Sie oben an und „rutschen Sie mit Schwung" nach unten.
✓ Hören Sie sich genau zu und nehmen Sie wahr, wie Ihre Stimme an den Wänden des Zimmers widerhallt.

Gehen Sie dann einen Schritt weiter und übertragen Sie die Kieferöffnung auf ein gesprochenes Wort.

Machen Sie zunächst einen Test:

❑ Sprechen Sie das Wort „Hallo", ohne den Mund wirklich aufzumachen. Lassen Sie den Mund also einfach „faul" sein.
❑ Sagen Sie anschließend „Hallo" und öffnen Sie den Mund dabei übertrieben weit, wie beim Gähnen – ohne zu verkrampfen.

Wie hören und fühlen sich die beiden Variationen an? Welche Variante lässt Ihre Stimme voller wirken? Wann ist Ihre Stimme entspannter?

Übung zur Kieferöffnung mit einem Text von Bertolt Brecht

■ Sprechen Sie den folgenden Text in angemessener Lautstärke auf zwei verschiedene Arten. Sie können sich dabei auch aufnehmen:

a) CD Track 15 Beißen Sie die Zähne leicht zusammen und sprechen Sie so, ohne den Mund wirklich zu öffnen. (Die Lippen können Sie freilich bewegen.)

b) CD Track 16 Öffnen Sie nun den Mund beim Sprechen weit, aber locker. Achten Sie besonders bei den Vokalen auf große Kieferöffnung.

c) Vergleichen Sie das Volumen der Stimme, die Klangqualität der Vokale und den Kraftaufwand beim Sprechen von a) und b) miteinander.

d) Versuchen Sie nun b) rufend.

Warten

(Bertolt Brecht)

Herr K. wartete auf etwas einen Tag, dann eine Woche, dann noch einen Monat. Am Schluss sagte er: „Einen Monat hätte ich ganz gut warten können, aber nicht diesen Tag und diese Woche."

Wir haben in der letzten Übung mit Extremen der Kieferöffnung geübt, um die Wahrnehmung in diesem Bereich zu schulen. Suchen Sie nun einen goldenen Mittelweg für Ihren Alltag. Simulieren Sie ein Gespräch mit einem Kollegen und achten Sie dabei auf eine angemessene Kieferöffnung.

Die richtige Sprechstimmlage

Vielleicht kennen Sie jemand mit einer „nervigen" schrillen Stimme. Lange können wir da nicht zuhören. Und noch etwas passiert meist: Wir nehmen jemanden mit einer überhöhten Stimme nicht ernst. Seine Argumente können noch so einleuchtend und gut vorbereitet sein – entscheidend ist oft, mit welcher Stimme sie präsentiert werden. Um überzeugend zu wirken, ist es deshalb wichtig, die persönliche so genannte „mittlere Sprechstimmlage" zu finden.
Bei Frauen ist oft festzustellen, dass Sie überhöht sprechen. Besonders bei emotionaler Aufregung ist das auffällig. Die Stimme wird dann eng und piepsig. Oft steigt gleichzeitig auch das Sprechtempo.
Bei Männern gibt es umgekehrt das Phänomen, dass die Stimme absichtlich tief gedrückt wird. Besonders bei „sachlichen" Gesprächen ist dies zu beobachten. Auch das kann unglaubwürdig erscheinen und ist auf Dauer schädlich. Es entspricht nicht der „mittleren Sprechstimmlage".
Diese individuell „richtige" Stimmlage ist eine entspannte Lage und daher für die Stimme gesund.
Eine entspannte Stimmlage haben wir logischerweise, wenn wir körperlich entspannt sind. Das kann z. B. am Morgen nach dem Aufstehen sein oder wenn wir auf dem Sofa sitzen und fernsehen.
Hören Sie sich einmal beim Sprechen zu, wenn Sie entspannt in der Badewanne liegen.
Im stressigen Alltag ist es besonders wichtig, dass wir uns diese entspannte Stimmlage erhalten und uns von Zeit zu Zeit daran erinnern. Nur so können wir einer Überbeanspruchung der Stimme vorbeugen.
Untersuchungen von Sprechwissenschaftlern haben ergeben, dass Fülllaute (=Verlegenheitslaute wie „äh") und kurze Antworten, wie „ja" oder „ach" meist in der Indifferenzlage gesprochen werden.
Achten Sie einmal darauf, wenn Sie telefonieren. Gerade, wenn wir unseren Gesprächspartner nicht sehen, geben wir solche kurzen Hörersignale von uns – z. B. „aha", „mhm", „ja", „so". Daran können Sie erkennen, ob Sie in Ihrer mittleren Sprechstimmlage sprechen oder ob Sie sich stimmlich größtenteils darüber oder darunter befinden.
In der folgenden Übung arbeiten wir mit diesen Fülllauten.

Übung zum Finden der mittleren Sprechstimmlage

CD Track 17

- Stellen oder setzen Sie sich aufrecht, aber bequem hin.
  Denken Sie nach, was Sie heute einkaufen wollen. Sprechen Sie langsam und überlegend, was Sie alles brauchen. In den Überlegungspausen lassen Sie ein „Hm" entstehen. Dieses „Hm" soll vom Gefühl her aus dem Bauch kommen.
  Z. B. „Also ich brauche Tomaten, – hm – und dann brauche ich Zucchini, – hm -, und zwei Tafeln Schokolade..."
  Wenn sich das „hm" locker und spontan angefühlt hat, waren Sie wahrscheinlich in Ihrer mittleren Sprechstimmlage.

Übertragen Sie nun diese Stimmlage auf einen Text. Wählen Sie eines der folgenden Gedichte aus. Beachten Sie beim Sprechen Folgendes:

- ✓ Achten Sie darauf, dass kein Druck im Hals entsteht, sondern dass Sie dort offen bleiben.
- ✓ Damit Ihre Stimme nicht zu knarren anfängt, achten Sie auf eine angemessene Lautstärke mit Hall im Raum.
- ✓ Wählen Sie ein langsames Tempo, um die Aussagen des Gedichts im Moment des Sprechens zu verstehen.
- ✓ Lesen Sie sich selbst die Gedichte vor. Sie sind also Sprecher und Adressat zugleich.

Meeres Stille

(Johann Wolfgang von Goethe)

Tiefe Stille herrscht im Wasser,
Ohne Regung ruht das Meer,
Und bekümmert sieht ein Schiffer
Glatte Fläche ringsumher.
Keine Luft von keiner Seite!
Todesstille fürchterlich!
In der ungeheuern Weite
Reget keine Welle sich.

Die Nachtblume
(Joseph von Eichendorff)

Nacht ist wie ein stilles Meer,
Lust und Leid und Liebesklagen
Kommen so verworren her
In dem linden Wellenschlagen.

Wünsche wie die Wolken sind,
Schiffen durch die stillen Räume,
Wer erkennt im lauen Wind,
Obs Gedanken oder Träume? –

Schließ ich nun auch Herz und Mund,
Die so gern den Sternen klagen:
Leise doch im Herzensgrund
Bleibt das linde Wellenschlagen.

Die Körperresonanz

Angenommen, zwei Personen sitzen auf einer Holzbank und unterhalten sich miteinander. Es ist wahrscheinlich, dass sich nicht nur über die Luft Schallwellen verbreiten, sondern dass die Gesprächspartner auch eine feine Vibration in der Holzbank wahrnehmen können. Der Körper des Sprechenden schwingt und diese Schwingung überträgt sich durch die Holzbank bis zum Gesprächspartner. Am deutlichsten ist dies bei kräftigen Männerstimmen zu merken. Wenn Sie Lust haben, können Sie diese Schallübertragung einmal selbst ausprobieren.

Oder Sie legen einfach Ihre Hände auf den Rücken eines Partners. Dort werden Sie an verschiedenen Stellen eine Resonanzschwingung feststellen können, während dieser spricht.
Wir können wieder den Vergleich zum Geigenkasten ziehen: Das „Holzgefäß" bietet den Hohlkörper, in dem sich die Schwingung der Saiten ausbreiten kann. Ebenso ist unser Körper mit den Kopf- und Körperhohlräumen ein Klangverstärker für unsere Stimme. Die Knochen z. B. leiten den Schall auf bestimmte Weise weiter. Um die Resonanzfähigkeit von Körper und Stimme zu erfahren und zu trainieren, machen Sie die folgende Übung:

Resonanzübung

CD Track 18

- Legen Sie die Hände auf die Brust und sprechen Sie folgenden Spruch mehrmals:
  „Summ, summ, summ, Bienchen summ herum."

  Können Sie ein Kribbeln mit den Händen wahrnehmen?

  Wenn nicht, versuchen Sie, die Stimme ganz weich einzusetzen, sodass Sie sich besonders angenehm anfühlt. Das „s" ist bei diesem Spruch immer stimmhaft, d. h., es wird nicht scharf gesprochen, sondern summend.
  Wenn Sie eine Vibration wahrnehmen konnten, legen Sie die Hände nacheinander auf folgende andere Körperstellen: Nacken, Gesicht, Stirn, Hinterkopf und Hals.

  Versuchen Sie im nächsten Schritt, dieses leichte Vibrieren auch ohne das Auflegen der Hände zu spüren. Stellen Sie sich dazu vor, Ihr Kopf sei ein Bienenstock, in dem die Bienen geschäftig herumschwirren. Es entsteht ein angenehm vibrierender Summton.

  Sprechen Sie frei ein paar Sätze, als würden Sie mit einem Freund telefonieren, und lassen Sie zu, die Bienen nebenbei wahrzunehmen.

Sie sollten also beim Sprechen Ihre Körperresonanz jederzeit wahrnehmen können. Wenn Sie Ihre Aufmerksamkeit im Laufe der Zeit in dieser Hinsicht schulen, arbeiten Sie damit gezielt an einer weichen, tragfähigen und gesunden Stimme.

Die Raumresonanz

Vielleicht haben Sie selbst schon einmal in der Badewanne gesungen. Warum macht es gerade da so Spaß?
Die Fliesen werfen den Schall auf eine bestimmte Weise zurück, die Stimme wird so verstärkt, dass sie voller erscheint.
Ziel beim Sprechen ist es, den Raum mit der Stimme so zu beschallen, dass er die Stimme unterstützt und verstärkt. Wir brauchen also nicht die

ganze Kraft in den Stimmbändern allein zu erzeugen, sondern „einfach" den Raum um uns herum zum Klingen bringen. Das ist möglich, indem wir uns auf den Raum, in dem wir gerade sprechen, optimal einstellen. Je aufmerksamer wir unsere Stimme und unser Gehör einsetzen, desto besser funktioniert diese natürliche Schallverstärkung. Es geht also hier nicht um eine Stimm"technik", sondern darum, die örtlichen Gegebenheiten für die Stimme nutzbar zu machen. Machen Sie dazu die folgenden Übungen:

Raumresonanzübungen

CD Track 19 – 20

- Angenommen, Sie planen ein Zimmer neu. Stellen Sie sich dazu in die Mitte des Raumes. Sprechen Sie laut in den Raum hinein, als würden Sie einem Gehilfen die Umgestaltungen auftragen.
  Geben Sie jeweils kurze Anweisungen und lassen Sie dazwischen Pausen.
  Z. B.: „Die Wand hätte ich gerne in (kleine Sprechpause) Blau!" – „Die Tür hätte ich gerne in (kleine Sprechpause) Rot! – „Der Tisch (kleine Sprechpause) soll dort in die Ecke kommen!" – „Das Sofa (kleine Sprechpause) bitte dorthin!"
  Weisen Sie mit dem Arm jeweils schwungvoll in die entsprechende Richtung.

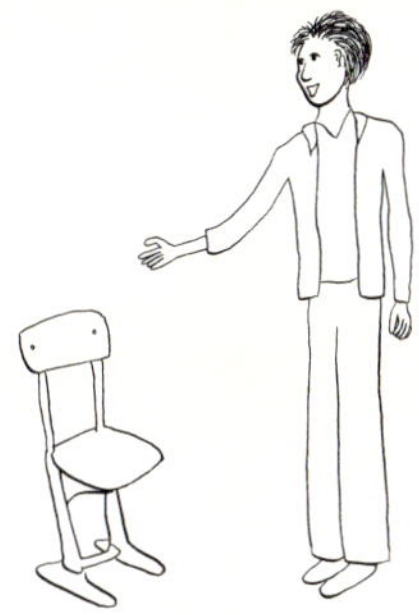

  Hören Sie beim Sprechen, ob Ihre Stimme von den Wänden widerhallt. Nutzen Sie dazu die Pausen. Wenn nicht, sprechen Sie noch langsamer, lauter und klarer.
  Achten Sie auf Ihre mittlere Sprechstimmlage.

- Rufen Sie nun jemanden im Nebenraum: „Hallo!" „Ist da jemand?" „Hörst Du mich?" Achten Sie wieder auf den Hall im Raum. Sie können auch die Hände zu Hilfe nehmen und einen Trichter um den Mund bilden. Versuchen Sie Ihren Hals beim Rufen nicht einzuengen, sondern offen und weit zu lassen.

  Halten Sie Ihre Ohren dabei ständig „offen" und warten Sie auf eine Antwort.

Im Alltag ist es nötig, sich immer wieder neuen Sprechsituationen anzupassen. Für die stimmliche Einstellung ist es ein Unterschied, ob Sie ein Büro oder einen Unihörsaal beschallen müssen. Führen Sie die Raumresonanzübungen deshalb, wenn möglich, vor Ort durch!

In der Sprecherziehung geht es also nicht ständig um die Arbeit an den Stimmbändern selbst – denn auf sie haben wir kaum willkürlichen Zugriff. Vielmehr geht es um die Bereitstellung eines guten „Geigenkastens“, also eines „vorbereiteten“ Körpers und um die Einstellung auf den Raum. So wird die Tätigkeit der Stimmbänder erleichtert und unterstützt.
Vielleicht konnten Sie während der Stimmübungen, die in diesem Kapitel behandelt wurden, selbst Folgendes bemerken: Mit Druck können Sie keine schöne Stimme erzeugen. Nur dadurch, dass Sie die Stimme schwungvoll „loslassen“, wird sie tragfähig und voluminös!
Zusammenfassend können wir feststellen: Die wichtigste Aufgabe des Stimmtrainings ist also nicht, „Druck zu erzeugen“, sondern „Öffnung“!

Stimmpflege

Unsere Stimme ist leider auch ein anfälliges Instrument. Wie das Holz eines Geigenkastens von Luftfeuchtigkeit und Temperatur abhängig ist, so ist es im Grunde auch mit unserer Stimme. Gerade in der kalten Jahreszeit oder bei der Arbeit in klimatisierten Räumen ist unsere Stimme anfällig für Verkühlungen mit Heiserkeit. Hohe Ozonwerte und Hitze können ebenfalls ein Grund dafür sein, dass die Schleimhäute nicht optimal befeuchtet sind und die Stimmbänder nicht harmonisch schwingen können.
Rauchen schadet auf Dauer der Stimme. Die Schleimhäute der Luftröhre und des Kehlkopfs werden angegriffen. Das hört man deutlich an den berüchtigten rauen, kratzigen „Raucherstimmen“.
Allerdings gibt es empfindlichere und weniger empfindliche Stimmen.
Wenn Sie eine empfindliche Stimme haben, können Sie grundsätzlich Folgendes beachten:

Die tägliche Pflege

✓ **Schleimhäute feucht halten**
viel trinken, vor allem stilles Wasser
gelegentlich mit Wasserdampf inhalieren
geeignete Meersalznasensprays benutzen
Luftfeuchtigkeit, wenn nötig, mit feuchten Tüchern erhöhen

✓ **morgendliche Lockerungsübungen für die Stimme machen**
Gähnen
Lippenflattern (Luft mehrmals genüsslich ausschnauben wie ein Pferd, Gesicht dabei ganz locker lassen)
Mundraum mit der Zungenspitze ausführlich abtasten

✓ **Speiseplan vor wichtigen Sprechsituationen überprüfen**
keine nusshaltigen Snacks
keine klebrigen Speisen (z. B. Käse)
keine milchhaltigen Getränke
kein Eis
keine extrem scharfen Gewürze
→ Am besten eine halbe Stunde vorher gar nichts essen!

✓ **Extremsituationen für die Stimme vermeiden**
viel Sprechen in lauten, verrauchten Räumen (z. B. Lokalen) vermeiden

Verhalten bei Erkältung und Heiserkeit

Oft wird eine Erkältung oder Heiserkeit nicht als ernst zu nehmende Krankheit angesehen. Doch gerade wenn Sie täglich mit Ihrer Stimme arbeiten und den ganzen Tag am Arbeitsplatz sprechen müssen, ist es wichtig eine Verkühlung richtig auszukurieren. Sie verschleppen diese sonst und riskieren eine chronische Erkrankung. Beachten Sie dazu folgende Tipps:

✓ **Halspartie warm halten**
Schal tragen
viel warmen Tee trinken (Erkältungstee, Eibischtee oder andere Kräutertees, allerdings keine Früchtetees, da diese viel Säure enthalten)
Sprechen im Freien bei Kälte vermeiden

✓ **Kräuterbonbons lutschen**
allerdings nicht zu scharfe (Salbei ist zu empfehlen)
ebenfalls gut sind Salzpastillen

✓ **Räuspern vermeiden** (es schadet den Stimmbändern)
lieber kurz husten, das ist effektiver, um Schleim aus der Luftröhre zu transportieren
oder leise Summen, um den Schleim zu verteilen und abfließen zu lassen

✓ **Stimme schonen durch exakte Artikulation**
deutlich mit viel Mundbewegung sprechen, um den Kehlkopf zu entlasten

✓ **Stimmruhe einhalten**
so wenig wie möglich sprechen
oder ohne Druck flüstern (was allerdings geübt sein will)

Interessant ist in diesem Zusammenhang, dass sich unsere Kehlkopfmuskulatur auch bewegt, wenn wir nicht sprechen. Wenn wir etwas Schweres heben oder schieben, schließen sich z. B. unsere Stimmbänder. Aber schon allein das Zuhören kann eine Aktivität im Kehlkopfbereich auslösen: Wenn wir einem Gespräch oder auch einem Musikstück intensiv zuhören, arbeiten unsere Stimmbänder ansatzweise mit. Dies ist durch die Übertragung von Spannungen in bestimmten Situationen zu erklären. Für die Stimmpflege bei Heiserkeit bedeutet das, dass Sie Ihrem Kehlkopf nur echte Stimmruhe gönnen, wenn Sie sich für die Dauer der Krankheit ganz aus kommunikativen Situationen zurückziehen.

Sollte Ihre Heiserkeit mehr als zwei Wochen anhalten, so suchen Sie einen HNO-Arzt oder Phoniater auf. Er soll feststellen, ob die Halserkrankung immer noch andauert, oder ob sie sich eventuell einen falschen Gebrauch der Stimme angewöhnt haben (siehe Kapitel „Stimmstörungen“).

Deutlich artikulieren

Wie im letzten Kapitel klar wurde, schonen wir unsere Stimme, wenn wir gut artikulieren. Beim Artikulationstraining geht es aber nicht nur um die Pflege der Stimme, sondern auch um die Wirkung, die beim Gegenüber ausgelöst wird! Ihr Gesprochenes verliert an Aussagekraft und Prägnanz, wenn es nicht sauber „gegriffen“ und „ausgeformt“ wird. Vielleicht konnten Sie selbst schon bemerken, dass ein Sprecher durch Deutlichkeit bestimmte Wörter akustisch hervorgehoben hat, die ihm wichtig waren. Z. B.: „Es geht hier um den S-t-e-u-e-r-z-a-h-l-e-r!“ Die saubere Artikulation ist also nicht nur notwendig, um akustisch verstanden zu werden, sondern kann auch ein sprecherisches Stilmittel sein, um Wichtiges zu betonen.

Deutlichkeit entsteht durch exakt gebildete Sprechlaute. Doch oft sind wir im Alltag „mundfaul“. Das können Sie selbst beobachten, wenn Sie Ihren Gesprächspartnern beim Sprechen einmal auf den Mund schauen. Geht dieser nur leicht auf und zu, oder können Sie differenziertere Bewegungen der Lippen erkennen?
Beobachten Sie sich selbst beim Artikulieren und sprechen Sie einmal vor dem Spiegel!

Wie kann man die exakte Bildung von Sprechlauten nun trainieren? Im Grunde geht es um Muskeltraining – in diesem Fall um Zungen- und Lippentraining!
Die meisten Sprechlaute werden mit der Zunge und den Lippen gebildet. Erleben Sie die Arbeit von Zunge und Lippen selbst in den folgenden Übungen:

Artikulationsübungen zum Erfahren der Mundbewegung

- Sprechen Sie folgenden Testsatz laut und deutlich: „Punkt zwölf erschien das grüne Gespenst am Schlosstor.“

  Als Gegenprobe können Sie einmal versuchen, den Satz ohne Mundbewegungen zu sprechen.

Lassen Sie nun die Vokale in den Wörtern weg und sprechen Sie nur die Konsonanten. Erleben Sie dabei das Knacken und Platzen der Sprechlaute.

Versuchen Sie abschließend, bestimmte Wörter im Satz durch eine verstärkte Mundbewegung hervorzuheben.

Führen Sie die Übungsschritte mit neuen Sätzen noch einmal durch und nehmen Sie sich dabei auf.

Neben der Zunge und den Lippen haben wir noch andere Artikulationsorgane. Wenn Sie mit Ihrer Zunge den Mundraum entlang streichen, können Sie z. B. die Zähne spüren. Wenn Sie schon einmal jemanden ohne Gebiss sprechen gehört haben, wissen Sie, wie wichtig die Zähne für die Deutlichkeit sind. Dann gibt es noch den harten und den weichen Gaumen und als dessen Ausläufer das Zäpfchen.

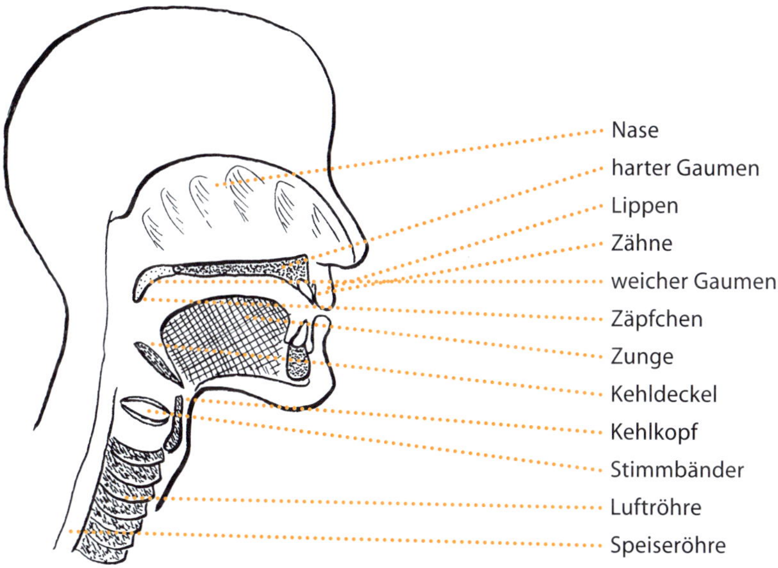

Mundgymnastik

CD Track 22

Anfangs ist es günstig, wenn Sie die Übungen vor dem Spiegel durchführen, um eine zusätzliche optische Kontrolle zu haben:

- Zunge mehrmals herausstrecken und dehnen
- Zunge bei geschlossenen Lippen vor den Zähnen kreisen lassen, (dreimal rechtsherum und dreimal linksherum)
- Zunge bei offenem Mund schnell von einem Mundwinkel in den anderen bewegen („Glöckchen“)
- Zunge langsam und spitz über den Gaumen wandern lassen

- Lippen langsam in verschiedene Richtungen bewegen
- Lippen zum Fischmaul vorstülpen und leicht nach oben und unten bewegen
- Lippen zum Kussmund formen und kleinstmögliche Küsschen in die Luft schicken
- Lippen vorstülpen und einen leichten Bleistift darauf balancieren
- Abschließend das ganze Gesicht leicht bewegen und danach entspannen.

Besondere Schwierigkeiten haben viele Sprecher mit den so genannten Sprenglauten. Diese werden oft schlampig gebildet, was das Sprechen verwaschen und langweilig macht.

❑ Versuchen Sie dazu zunächst die Bildung der Sprenglaute „p“, „t“ und „k“ zu beschreiben. Wohin legen sich Lippen oder Zunge und wie kommt das Geräusch zu Stande?

Beim „p“ legen sich die Lippen fest aufeinander und werden durch Luftdruck gesprengt.
Beim „t“ legt sich die Zungenspitze nach oben an den Zahndamm und wird durch Luftdruck gesprengt.
Beim „k“ legt sich die hintere Zunge an den weichen Gaumen und wird durch Luftdruck gesprengt.

Übung zu den Sprenglauten

CD Track 23

- Um exakte Sprenglaute zu trainieren, sprechen Sie mehrmals die Reihe p-t-k und rückwärts k-t-p.

Beachten Sie dabei:

✓ Die Luft beim Sprechen nicht anhalten, sondern Luft nachströmen lassen.

✓ Den Kiefer nicht feststellen, sondern locker mitfedern lassen.

✓ Den Bauch nicht anspannen, sondern loslassen. Er darf sich passiv mitbewegen.

Nehmen sie dann, wenn Sie den Ablauf mühelos sprechen können, eine Fingerbewegung dazu. Sie hilft ihnen, nicht zu verkrampfen. Tun Sie so, als würden Sie mit dem Zeigefinger auf eine empfindliche Trommel schlagen. Federn Sie in der Bewegung genauso elastisch wie beim Sprechen.
Nun können Sie auch das Tempo steigern.

Sprechen Sie nun folgende Wörter so deutlich aus, dass Sie die Sprenglaute fühlen und hören können. Unterscheiden Sie zusätzlich zwischen harten („p“, „t“, „k“) und weichen Sprenglauten („b“, „d“, „g“). Sprechen Sie langsam – ähnlich wie in „akustischer Zeitlupe“:

CD Track 24

Butterbrotpapier
Donnerwetter
Waschlappen
Blutprobe
Topfdeckel
Pubertät

Gepäck
Gießkanne
Kopfsteinpflaster
Paprikagemüse
Kongress
Rucksack

Deutlich artikulieren

Vorsicht: Nicht nur dort, wo wir ein „k“, „t“, oder „p“ lesen, sind harte Sprenglaute zu sprechen. Die Buchstaben „x“, „qu“, und „z“ stehen für Lautverbindungen, in denen auch Sprenglaute vorkommen!
Ein „z“ entspricht den Sprechlauten: „ts“
Ein „x“ entspricht den Sprechlauten: „ks“
Ein „qu“ entspricht den Sprechlauten: „kw“

Meist wird auch die Verbindung „chs“ als „ks“ gesprochen.

Sprechen Sie folgende Wörter deutlich aus:

CD Track 25

Zahn	ins**z**enieren
Qualle	über**qu**eren
A**x**t	Schweinsha**x**e
Da**chs**	erwa**chs**en

Eine weitere Lautgruppe, die Beachtung braucht, sind die so genannten Reibelaute (umgangssprachlich „Zischlaute“). Sie können nur durch deutliches Sprechen voneinander unterschieden werden.

- ❑ Überlegen Sie wieder zunächst selbst, wie folgende Laute gebildet werden: „f“, „s“, „sch“ und „ch“. Versuchen Sie genau zu beschreiben, was Lippen und Zunge tun.

Beim „f“ legt sich die Unterlippe an die oberen Schneidezähne und die Luft strömt durch diese Enge.

Beim „s“ legt sich die Zungenspitze an die unteren Schneidezähne. Der Zungenrücken wölbt sich nach oben in Richtung Zahndamm und die Luft strömt durch diese Enge. (Es gibt allerdings auch andere Arten, das „s“ zu bilden.)

Beim „sch“ sind die Lippen gerundet und vorgestülpt. Die Zunge zieht sich leicht zurück und die hinteren Zungenränder legen sich an die Backenzähne. Die Luft strömt durch die Enge im Mund.

Beim „ch“ unterscheiden wir zwischen vorderem „ch“ (der so genannte „ich-Laut“) und dem hinteren „ch“ (der so genannte „ach-Laut“):
Beim vorderen „ch“ legt sich die Zungenspitze an die unteren Schneide-

zähne und der Zungenrücken wölbt sich in Richtung Gaumen. Die Luft strömt durch diese Enge.

Beim hinteren „ch“ dagegen wölbt sich der Zungenrücken in Richtung weicher Gaumen.

Übung zu den Reibelauten

CD Track 26

- Um die Reibelaute zu trainieren, sprechen Sie mehrmals die Reihe f–s- ch- sch und rückwärts sch- ch- s-f.

Beachten Sie wieder:
✓ Den Kiefer locker mitfedern lassen!
✓ Den Bauch locker sich mitbewegen lassen!
✓ Die Geräusche nur kurz und elastisch produzieren!

Nehmen sie dann, wenn Sie den Ablauf mühelos sprechen können, die Fingerbewegung dazu. Schlagen Sie wieder jeweils kurz auf die Trommel.
Nun können Sie auch das Tempo steigern, ohne zu verkrampfen.

Besondere Aufmerksamkeit braucht die Verbindung von „s“ zu „sch“. Hier wird oft schlampig gesprochen, sodass nur das „sch“ übrig bleibt. Sprechen Sie die folgenden Wörter so, dass sie zuerst das „s“ artikulieren und dann ohne abzusetzen in das „sch“ übergehen:

CD Track 27

Ausstellung
Tagesschau
Hausschuhe
ausschließen
was Schönes

ausspielen
rausschmeißen
Ausschau halten
das Schild
das Schloss

Deutlich artikulieren

Artikulationsübungen mit Gedichten

Artikulationsübung mit Tiernamen von Christian Morgenstern

- Sprechen Sie die folgenden Fantasietiernamen deutlich aus. Achten Sie auf die Lippen- und Zungenbewegung.
  Stellen Sie sich das jeweilige Tier dabei genau vor!
  Sie können diese Namen nun auch als Schimpfwörter benutzen. Ersetzen Sie dazu einfach das „Der“ oder „Die“ in ein „Du“. Z. B.: „Du Süßwassermops!“. Dabei bietet es sich besonders an, die Artikulation kraftvoll einzusetzen!

Der Ochsenspatz
Die Kamelente
Der Regenlöwe
Die Turtelunke
Die Schoßeule
Der Walfischvogel
Die Quallenwanze
Der Gürtelstier
Der Pfauenochs
Der Werfuchs
Die Tagtigall
Der Sägeschwan
Der Süßwassermops
Der Weinpintscher
Der Eulenwurm
Der Giraffenigel
Das Rhinozepony

Natürlich ist es mit dem Üben an einzelnen Lauten und Wörtern nicht getan. Im Alltag geht es darum, die Sprechlaute innerhalb von Sätzen und längeren Sprechpassagen deutlich auszusprechen. Dazu üben wir an ausgewählten Gedichten.

Artikulationsübung mit einem Gedicht von James Krüss

Reimwörter unterscheiden sich meist nur durch einen einzigen Buchstaben voneinander. Damit dieser Unterschied auch beim Sprechen klar wird, muss der Sprecher die beiden unterschiedlichen Laute deutlich artikulieren. Z. B.: Gebäck – Gepäck. Wenn Sie dieses Wortpaar sprechen, formen Sie die Laute vermutlich deutlicher, als wenn Sie nur jedes Wort einzeln sprechen. Wir nutzen dies für die folgende Artikulationsübung.

■ Sprechen Sie das Gedicht so, dass die entscheidenden Unterschiede der Wörter deutlich werden. Konzentrieren Sie sich vor allem auf die Konsonanten. Stellen Sie sich vor, einem Ausländer den Sachverhalt zu erklären.

Wenn die Möpse Schnäpse trinken

Wenn die
Möpse
Schnäpse
Trinken,
Wenn vorm
Spiegel
Igel
Stehn,
Wenn vor
Föhren
Bären
Winken,
Wenn die
Ochsen
Boxen
Gehn,
Wenn im
Schlafe
Schafe
Blöken,
Wenn im
Tal
Ein Wal
Erscheint,
Wenn in
Wecken
Schnecken
Stecken,
Wenn die
Meise
Leise
Weint,
Wenn
Giraffen
Affen
Fangen,
Wenn ein
Mäuslein
Läuslein
Wiegt,
Wenn an
Stangen
Schlangen
Hangen,
Wenn der
Biber
Fieber
Kriegt,
Dann
Entsteht zwar
Ein Gedicht,
Aber
Sinnvoll
Ist es
Nicht!

Artikulationsübung mit einer Passage aus Goethes Faust

- Sprechen Sie den folgenden Spruch des Mephistopheles so, dass es zur Szene der Walpurgisnacht passt. Heben Sie die Konsonanten hervor und lassen Sie gleichsam „ein kleines Feuerwerk" in Ihrem Mund entstehen. Sprechen Sie jedes der lautmalerischen Verben so plastisch, dass die passenden Geräusche hörbar sind. Stellen Sie sich die Ereignisse auch optisch vor, sodass Sie mit der Sprache die Dinge beschreiben, die Sie sehen, riechen, hören oder fühlen.

Das drängt und stößt, das rutscht und klappert!
Das zischt und quirlt, das zieht und plappert!
Das leuchtet, sprüht und stinkt und brennt!
Ein wahres Hexenelement!

Artikulationsübung mit einem Gedicht von Erich Fried

- Der folgende Text besteht vorwiegend aus Fantasiewörtern. Gerade diese erfundenen fremden Wörter schulen die Artikulation, da sie vom Sprecher die volle Aufmerksamkeit erfordern. Sprechen Sie den Text sehr deutlich und geben Sie der Geschichte einen Sinn. Ist es vielleicht ein Liebesgedicht? Sie können Ihre Geschichte auch durch Gesten unterstreichen. Im Vordergrund des Ausdrucks soll aber die Artikulation stehen.

Leilied bei Ungewinster

Tschill tschill mein möhliges Krieb
Draußen schnirrt höhliges Stieb

Draußen schwirrt kreinige Trucht
Du aber bist meine Jucht

Du aber bist was mich tröhlt
Dir bin ich immer gefröhlt

Du bist mein einziges Schnülp
Du bist mein Holp und mein Hülp

Wenn ich allein lieg im Schnieb
denk ich an dich mein Krieb

Die richtige Aussprache

Wenn von „Sprechtraining“ die Rede ist, denken die meisten Menschen an Aussprachetraining. Doch die korrekte Aussprache ist nur ein Teil des Sprechtrainings. Die „richtige“, also festgelegte Aussprache, bei der es auf die korrekte Lautbildung ankommt, ist nur für bestimmte Berufsgruppen zwingend notwendig, wie z. B. für Schauspieler. Diese müssen die so genannte Hochlautung von Grund auf erlernen und beherrschen. Bei anderen Berufen hängt es davon ab, wie sehr sie in der Öffentlichkeit stehen und zu wem sie sprechen. Es gibt in verschiedenen Situationen eine angemessene und eine unangemessene Aussprache. Sie müssen also Ihre Sprechebene je nach Situation auswählen. Privat können Sie natürlich so sprechen, wie Sie wollen. Je öffentlicher jedoch Ihr Sprechen und je unterschiedlicher Ihre Zuhörerschaft sind, desto überregionaler sollte Ihre Aussprache sein. Nur so können Sie sicher gehen, dass Sie von allen verstanden und akzeptiert werden.

Ein Politiker wird nicht im ganzen Land gut ankommen, wenn seine Dialektfärbung zu stark ist und dieser Dialekt eher zu den unbeliebten gehört. Genauso unpassend ist es, wenn ein Lehrer seinen Schülern den Zauberlehrling von Goethe auf Bayerisch vorträgt.

Meist wirkt die Hochlautung auf den Zuhörer intellektueller als der Dialekt.

Ebenso entscheidend wie die Zuhörerschaft sind der Anlass und das Ziel Ihres Sprechens. Wenn Sie auf einer Geburtstagsfeier für Ihre Mutter eine Ansprache in Hochlautung halten, so kann das unnatürlich wirken, wenn Sie sonst mit Dialektfärbung sprechen. Das Sprechen mit dialektaler Färbung hat außerdem den Vorteil, dass es sehr individuell und vertrauensbildend auf die Zuhörer wirkt. Dialektsprechen zeigt Authentizität.

Für einen Betriebsrat kann es günstig sein, wenn er sich mit der Aussprache auf sein Gegenüber einstellt. Er wird mit den Arbeitern anders sprechen als mit den Firmenvorsitzenden.

Wählen Sie deshalb je nach Situation, wann Sie Hochlautung oder die abgemilderte Form, die so genannte Standardaussprache, wirklich benutzen sollten, und wann sie lieber so sprechen, wie Ihnen „der Schnabel gewachsen ist“. Dabei ist zu erwähnen, dass es in Deutschland und Österreich jeweils eigene Standardausspracheestlegungen gibt.

Sprechebene	Merkmale	Sprecher
Hochlautung	überregional streng festgelegte Ausspracheregelung	Schauspieler, klassische Sänger
Standardaussprache	abgemilderte Form der überregionalen Ausspracheregelung – mit österreichischen, deutschen und schweizerischen Variationen	Mediensprecher, Politiker, Lehrer usw.
Dialekt	regional enger begrenzte Form der Aussprache mit typischen Lautverschiebungen und Eigenheiten	Personen in „nicht“ öffentlichen Berufen
Idiolekt	individuelle Ausspracheform bei einzelnen Personen	Privatpersonen innerhalb der Familie oder des Freundeskreises

Im Folgenden finden Sie eine Übersicht von Ausspracheregeln, die etwas vereinfacht zusammengefasst sind. Sie können auch hilfreich sein, wenn Deutsch nicht Ihre Muttersprache ist. Als Nachschlagewerk für einzelne Wörter und Ausnahmen gibt es in der Reihe Duden einen Band zur Standardaussprache!

Das Problem, das auftaucht, wenn wir uns der Aussprache zuwenden, ist Folgendes:
Die Schrift ist nicht immer konform mit der Aussprache. Nehmen Sie z. B. das Wort „das“ und „dass“. Beide Worte werden gleich ausgesprochen, obwohl sie unterschiedlich geschrieben werden. Ebenso ist es bei „wieder“ und „wider“ oder „ist“ und „isst“ sowie bei „wird“ und „Wirt“. („Wer nichts wird, wird Wirt.“)
Dagegen gibt es Wörter, die gleich geschrieben, aber unterschiedlich ausgesprochen werden- z. B. „Weg“ und „weg“.

Abgesehen von diesen Beispielen lassen sich aber doch Regeln von der Schrift ableiten, wie ein Wort richtig ausgesprochen wird.

Ausspracheregeln

CD Track 29–39

- **Es gibt lang geschlossene und kurz offene Vokale!**

- **Ein Vokal ist lang geschlossen, wenn nur ein Konsonant folgt!**
  (Ofen, Mut, üben, Bibel, Ekel, stören, ...)

- **Ein Vokal ist kurz offen, wenn mehrere Konsonanten folgen!**
  (Puppe, Fenster, künstlich, Osten, Witz, können, ...)

- **Ein „e“ in unbetonten Silben wird als Murmellaut (=Schwa–Laut) gesprochen!**
  (Lage, behüten, offen, Gespür, angelogen, ...)

- **„-ig“ am Schluss einer Silbe wird wie „-ich“ gesprochen! Ebenso wenn „t“ oder „st“ darauf folgen.**
  (heilig, ewig, König, wenigstens, sonnig, ...)

- **Die weichen Laute „b“, „d“, „g“ werden am Wortende hart gesprochen!**
  (Tod, Sieg, lag, genug, Lob, ...)

- **Wenn zwei gleichartige Sprenglaute aufeinander folgen, wird nur der zweite Laut gesprochen. Es entsteht eine kurze Stauphase.**
  (abbauen, weggehen, Pumpbrunnen, und du?, entdecken, ...)

- **Die Buchstabenfolge „ng“ wird als ein einzelner Laut gesprochen, bei dem die hintere Zunge mit dem weichen Gaumen verschließt. Der Laut „g“ ist also dabei nicht hörbar.**
  (England, Frühling, jung, Engel, Zeitung, Hunger,...)

- **Ein „s“ ist stimmhaft, wenn ein Vokal folgt!**
  (Sonne, achtsam, unsicher, Sumpf, Amsel, Sehnsucht, ...)

- **Ein „r“ wird nach kurz offenen Vokalen und nach „a“ gesprochen!**
  (Kirche, war, Wort, kurz, Herz, stürzen, Art, örtlich, ...)
  Ein „r“ wird nach lang geschlossenen Vokalen nicht gesprochen! D. h., es wird nur ein „a“-ähnlicher Laut gesprochen.
  (Uhr, Gehör, wir, der, Tor, ...)

Ebenso in den Endsilben „-er", „-ern"
(Eltern, Vater, Mutter, Bruder, Schwester, ...)

- **Ein „h" wird nur gesprochen, wenn ein voller Vokal folgt.**
  (heiß, aha, hierher, Johannes, Hose, ...)
  Wenn ein Murmellaut (= Schwa-Laut) folgt, ist es stumm.
  (Schuhe, Ehe, mühevoll, beinahe, glühend, ...)

Nehmen Sie sich für den folgenden Übungstext viel Zeit und markieren Sie die Besonderheiten folgendermaßen:

✓ Bei einem lang geschlossenen Vokal, machen Sie einen Strich unter den Vokal: -
✓ Für einen kurz offenen einen Punkt: .
✓ Laute, die nicht gesprochen werden, streichen Sie leicht durch (z.B. „h" ,„r" ,„g" bei ng, oder Murmellaute): /
✓ Laute, die besonders beachtet werden müssen, umkreisen Sie (z.B. stimmhaftes „s"): O
✓ Wenn zwei Laute zusammengezogen werden, machen Sie einen Bindebogen: ‿

Übungstext zur Aussprache

Sprechen ist schwer
Eigentlich dachte ich, ich kann sprechen. Aber mit der Hochlautung ist es gar nicht so leicht. Aber ich gebe mir Mühe. Zum Glück muss ich nicht immer ganz genau nach den Regeln sprechen, wichtig ist vor allem der Inhalt meiner Worte und der Kontakt zum Zuhörer.

(Auflösung auf der nächsten Seite)

CD Track 40

Sprechen ist schwer

Eigentlich dachte ich, ich kann sprechen. Aber mit der Hochlautung ist es gar nicht so leicht. Aber ich gebe mir Mühe. Zum Glück muss ich nicht immer ganz genau nach den Regeln sprechen, wichtig ist vor allem der Inhalt meiner Worte und der Kontakt zum Zuhörer.

Häufig falsch ausgesprochene Wörter

Je nach Region gibt es im deutschsprachigen Raum Wörter, die da oder dort häufig falsch ausgesprochenen werden. Für die betreffenden Wörter gibt es eine überregionale Festlegung der Aussprache im Aussprache-Duden. Im Folgenden finden Sie eine kleine Sammlung solcher Wörter und Ausnahmen. Beachten Sie dazu die erklärenden Zeichen und hören Sie die Aussprache auf der CD Track 41:

Käse	[ɛ:]	*Advent*	[v]
Mädchen	[ɛ:]	*Giraffe*	[g] auch [ʒ]
Pferd	[e:]	*Magnet*	[gn]
werden	[e:]	*Stil*	[st] auch [ʃt]
Erde	[e:]	*Stillleben*	[ʃt]
weg	[ɛ]	*be/obachten*	
Chef	[ɛ]	*über/all*	
Bad	[ɑ:]	*er/innern*	
das	[ɑ]	*Interesse*	
Behörde	[ø:]	*Kaffee*	(beide Betonungen möglich)
gehorsam	[o:]	*Telefon*	(")
Geburtstag	[u:]	*Attentäter*	(")
Orchester	[k] auch [ç]	*Marzipan*	(")
melancholisch	[k]	*Bürgermeister*	(")
sechs	[k]	*Oregano*	
wachsen	[k]	*Parmesan*	
China	[ç]	*Mathematik*	
Vers	[f]		
November	[v]		

Die richtige Aussprache

GRUNDLAGEN ZU FREIER REDE UND GESPRÄCH

In den letzten Kapiteln haben wir uns dem zum guten Sprechen notwendigen Handwerkszeug gewidmet: der Atmung, dem Stimmklang, der Stimmpflege, der Artikulation und der Aussprache.
Wer mit diesem Handwerkszeug umzugehen weiß, ist ein guter Sprecher. Aber wie steht es mit der zwischenmenschlichen Kommunikation im Alltag? In vielen Berufen sind zusätzlich rhetorische Fähigkeiten gefordert: Wie kann ich einen Sachverhalt klar und eindeutig darstellen? Wie erreiche ich meinen Gesprächspartner? Wie kann ich überprüfen, ob wir uns verstanden haben? Was macht eine gelungene Rede vor Publikum aus? Wie kann ich mich optimal präsentieren?
In diesem Teil des Buches geht es darum, kommunikative Grundhaltungen zu entwickeln - und zwar in Rede und Gespräch! Das Ziel ist, eindeutig und kooperativ miteinander umzugehen. Dazu müssen wir lernen, uns auf den Gesprächspartner einzulassen.
Eine weitere wichtige Fähigkeit, besonders in Redesituationen ist, sich authentisch und wirksam zu präsentieren. Dabei ist es spannend, zu entdecken, welche sprecherischen und sprachlichen Ausdrucksmittel wir im Alltag verwenden. Zum Beispiel, wenn wir jemandem etwas erzählen. Wie viele Fassetten zeigen wir unserem Gegenüber? Was sagt unsere Körpersprache?
Im folgenden Kapitel geht es um den lebendigen Ausdruck. Um Ihre persönlichen Ausdrucksformen zu erweitern und sich selbst dabei „treu zu bleiben“ ist es unerlässlich, dass Sie die Übungen praktisch ausprobieren und mit einem Sprecherzieher oder Partner zusammen auswerten.

Lebendig Erzählen

Es gibt Leute, denen wir stundenlang zuhören können, wenn sie etwas erzählen oder vorlesen. Bei anderen wiederum werden wir schnell müde und unkonzentriert und denken schließlich an etwas anderes. Lebendiges Erzählen ist eine Kunst, die nicht jeder beherrscht. Die Grundlagen des lebendigen Sprechens sind jedoch erlernbar.

Dazu stellt sich zunächst die Frage: Was macht gutes Erzählen aus?
Wer seine Zuhörer mitreißen und in die Welt einer Geschichte entführen will, der muss diese Welt anschaulich und erfahrbar machen. Um etwas zu erleben, haben wir unsere Sinne. Und unsere Sinne werden, wie wir alle vom Kino wissen, auch durch bloßes Zuschauen und Zuhören aktiviert. Wir müssen einen Sinneseindruck nicht in Wirklichkeit erleben, um ihn nachvollziehen zu können. Uns friert z. B., wenn wir jemanden auf der Leinwand am Nordpol frieren sehen. Wenn der Held Angst hat, überträgt sich diese Emotion auch auf uns usw. Doch wir brauchen nicht einmal ein optisches Bild, um fiktive, sinnliche Erlebnisse hervorzurufen. Interessanterweise genügt auch die Sprache allein.
Beim freien Erzählen oder Vorlesen kommt es darauf an, dass wir im Moment die Geschichte miterleben. Nur so kann auch der Zuhörer mitleben. Ein Schauspieler studiert dies mehrere Jahre lang, damit er eine Rolle verkörpern und in ihr leben kann.

Als Übungstexte zum lebendigen Erzählen eignen sich besonders japanische Dreizeiler, die so genannten Haiku-Gedichte.
Die Themen dieser kleinen Gedichte sind Gegenstände der Natur oder der Mensch im Zusammenhang mit der Natur. Für die Gattung des Haiku ist es außerdem typisch, dass eine Jahreszeit erkennbar ist. Im Japanischen sind zudem eine bestimmte Silbenanzahl pro Zeile und eine besondere Struktur des Gedichts vorgeschrieben. Dies kann in der deutschen Übersetzung natürlich nur nachempfunden werden.
Viele Kenner behaupten, dass Haiku-Gedichte erst durch das Sprechen Ihre volle Schönheit und Poesie erhalten - und das gerade durch Ihre Einfachheit und Ehrlichkeit. Wenn man sie „nur“ still liest, erscheinen sie uns oft belanglos und zu kurz.

Übung zum sinnlichen Sprechen

- Sprechen Sie nun die folgenden Haiku-Gedichte laut und achten Sie dabei auf Folgendes:

- ✓ Stellen Sie sich den Ort, von dem im Gedicht die Rede ist, genau vor.
- ✓ Versuchen Sie während des Sprechens beschriebene Geräusche in

Ihrer Vorstellung zu hören, taktile Reize zu spüren, Gerüche zu riechen und Bilder zu sehen.

- ✓ Die Einteilung der Zeilen ist bewusst so gewählt und sollte beim Sprechen eingehalten werden. Machen Sie deshalb nach jeder Zeile eine Pause, ohne das Bild und die Spannung zu verlieren.
- ✓ Geben Sie Ihrem/Ihren Zuhörer/Zuhörern die Gelegenheit, das Gleiche erleben zu können wie Sie.
- ✓ Sprechen Sie Ihren/Ihre Zuhörer direkt an.
- ✓ Bleiben Sie trotz allem in Ihrem natürlichen Tonfall und Ihrer natürlichen Stimmlage.

Welch ein süßer Duft
von des Nachbars Pflaumenbaum –
Leider seh' ich nichts!

Schau, ein grüner Frosch
reitet am Bananenblatt
schwankend auf und ab!

Der du so schön singst,
tanz uns auch noch etwas vor,
kleiner Wasserfrosch!

Grillen zirpen rings.
Nur der Glühwurm ganz allein
schweiget still und glüht –

Wenn ein kühler Wind
sommers durch mein Zimmer weht,
ist das nicht genug?

Immer kreisen die
Fliegen um den Sonnenschirm –
Uff, wie ist es heiß!

Auch im Nebenraum
wird die Lampe ausgelöscht,
und die Nacht ist kühl.

Seht den roten Mond!
Kinder, seht ihn euch doch an!
Wem gehört er wohl?

Wie der Glocke Ton
aus der Ferne mühevoll
durch den Nebel dringt!

Wie verloren liegt
eine rote Beere da
auf dem Morgenreif.

Nichts ist mehr zu sehn,
Himmel nicht und Erde nicht,
und es schneit und schneit –

Morgendlicher Schnee.
Auch die Krähe, sonst verhasst,
heute ist sie schön.

Erzählen Sie nun das folgende Märchen! Versuchen Sie Ihren/Ihre Zuhörer von den beschriebenen Erlebnissen zu überzeugen! Sie können dabei auch vom Text abweichen und Dinge dazuerfinden!

Das dietmarsische Lügenmärchen

(Gebrüder Grimm)

Ich will euch etwas erzählen. Ich sah zwei gebratene Hühner fliegen, flogen schnell und hatten die Bäuche gen Himmel gekehrt, die Rücken nach der Hölle, und ein Amboss und ein Mühlstein schwammen über den Rhein, fein langsam und leise, und ein Frosch saß und fraß eine Pflugschar zu Pfingsten auf dem Eis. Da waren drei Kerle, wollten einen Hasen fangen, gingen auf Krücken und Stelzen, der eine war taub, der zweite blind, der dritte stumm, und der vierte konnte keinen Fuß rühren. Wollt ihr wissen, wie das geschah? Der Blinde, der sah zuerst den Hasen über Feld traben, der Stumme rief dem Lahmen zu, und der Lahme fasste ihn beim Kragen. Etliche, die wollten zu Land segeln und spannten die Segel im Wind und schifften über große Äcker hin: da segelten sie über einen großen Berg, da mussten sie elendig ersaufen. Ein Krebs jagte einen Hasen in die Flucht, und hoch auf dem Dach lag eine Kuh, die war hinaufgestiegen. In dem Land sind die Fliegen so groß als hier die Ziegen. Mache das Fenster auf, damit die Lügen hinausfliegen.

Übertragen Sie nun einen Text ganz ins freie Sprechen. Lesen Sie sich die folgende Geschichte durch und erzählen Sie sie danach einem Zuhörer. Bleiben Sie in der Ichform und sprechen Sie wie von einem Traum, den Sie gerade geträumt haben:

Ei ei

(Erich Fried)

Als ich das Ei schälte,
das trotz des kalten Wassers
die Finger fast verbrannte,
war in ihm noch eine zweite
Schale,
ein Ei im Ei,
und zu heiß:
Anblasen half nicht.
Ich musste noch warten
und dabei
verging mir der Appetit

Ich hätte so etwas
nicht für möglich gehalten:

ein ganz gewöhnliches Ei
beim Herausheben aus dem
kochenden Wasser
sofort ganz trocken,
also auch ganz verlässlich hart gekocht

Nun beim Schälen der zweiten Schale
Schon kaum mehr verwundert:
eine dritte darunter,
groß, dick. Wie soll ich das nennen?
Ja, eine wahre
Zwiebel von einem Ei!
Und außerdem finde ich
(nun doch ein wenig erschrocken)
jede weitere innere Schale
immer um etwas größer
als die bisher letzte –
also statt wie ein normales
Zwiebelei
immer kleiner zu werden,
wächst dieses Ei nach innen
und die weiteren größeren Schalen
sind überdies nicht mehr ganz
sondern durchbrochen wie Gitter
oder gewachsen wie Netzwerk.
Und darin laufen
soweit ich das aus dieser Entfernung
noch richtig sehen kann
große Hühner herum

Sehr große Hühner –
und picken mit dem Schnabel
- Hühner, nicht etwa Küken,
wie man sie herumlaufen sähe
in einem normalen Ei! –
und picken auch nicht nach Körnern
oder Würmern... Aber was ist das?
Das können doch keine
Menschen sein, nach denen sie picken?
Ja, das sind Menschen, nur schwer zu erkennen, weil sie

nicht stillhalten, sondern fliehen wollen. Doch da
liegt noch ein halber, ganz still. Man sieht sogar noch
die zerbrochene Brille. So, jetzt pickt es auch den auf!
Und da, ein zweiter, klebt am Gitter oder Netz
der durchbrochenen Schale. – Nein. Klebt gar nicht... Hilfe!
Er klebt nicht, sondern er wirft sich gegen das Gitter!
oder ist es ein Netz? – winkt mir und kann nicht heraus.

Die Maschen sind ihm zu eng! Ich muss ihm helfen:
Es ist doch nur eine Eischale, weiter nichts!
Nur, wenn ich ein Stück abschäle, kann auch das Huhn durch,
das da schon näher kommt!
Halt! Das ist in Wirklichkeit gar kein
Loch im Gitternetz: Das ist ein Spiegel! Der Mann
bewegt sich genau wie ich! Das Huhn, das gekommen ist,
um ihn zu fressen, ist nur ein Spiegelbild.
In Wirklichkeit steht es
hinter mir! ... und auf ihm sitzt meine Mutter
(Das kann gar nicht sein! Sie ist doch seit zwei Jahren tot?) und
reitet auf ihm
und zwingt seinen Kopf
immer näher zu mir her.

Wenden Sie nun das Prinzip des lebendigen Erzählens bei einem eigenen Erlebnis an: Erinnern Sie sich dazu an eine Urlaubsreise. Rufen Sie sich den Ort, das Klima und die Stimmung dieser Reise wieder in Erinnerung. Lassen Sie positive wie negative Erlebnisse wieder vor Ihr inneres Auge treten. Erinnern Sie sich an die Gefühle, die sie durchlebt haben. Suchen Sie sich nun einen Zuhörer. Erzählen Sie dann kurz von den für Sie wichtigsten und interessantesten Ereignissen dieses Urlaubs.
Was hat Ihre Erzählung beim Zuhörer bewirkt? Fragen Sie nach den inneren Bildern und Stimmungen, die beim Gegenüber entstanden sind.
Ist es Ihnen gelungen, Ihren Zuhörer „mitzunehmen"?

Viele Leute behaupten, sie hätten keine Fantasie und keine Ideen. Doch erwiesenermaßen können auch diese Eigenschaften entwickelt werden. Die Lebendigkeit und Intensität des Sprechens wird dadurch bereichert. Machen Sie dazu die folgende Übung:

Übung zur Fantasieentwicklung mit Bildern von Hans Friedrich

- Schauen Sie sich das nebenstehende Bild in Ruhe an. Warten Sie, bis Ihnen dazu Assoziationen kommen. Fangen Sie dann an, diese Assoziationen auszusprechen. Lassen Sie so eine Geschichte entstehen, egal wie verrückt oder einfach Sie ist. Bewerten Sie dabei Ihre Geschichte nicht!

- Gehen Sie dann zum nächsten Bild über und achten Sie beim Erzählen nun auf Folgendes:

✓ Bauen Sie Passagen ein, in denen eine Figur spricht = wörtliche Rede.
✓ Gliedern Sie Ihre Geschichte in Einleitung, Höhepunkt und Ende.
✓ Halten Sie Blickkontakt zu Ihrem (fiktiven oder realen) Zuhörer.

Verständlich Erklären

Neben der erzählerischen Vermittlung von Geschichten, spielt im Alltag die inhaltliche Vermittlung von Informationen eine wichtige Rolle.
In vielen beruflichen Situationen geht es darum, jemandem einen Sachverhalt zu erklären. Das kann ein Mitarbeiter sein, ein Kollege, Kunde, Schüler oder Patient. Gerade wenn die Sache komplexer wird, können solche Informationsübermittlungen scheitern. Und dies wird oft erst im Nachhinein bewusst, dann nämlich, wenn das erwartete Ergebnis nicht stimmt. Sich inhaltlich klar verständlich und unmissverständlich auszudrücken will gelernt sein!
Sicher haben Sie schon selbst erlebt, wie schwierig es ist, einer gesprochenen Wegbeschreibung zu folgen. Oft müssen wir wiederholt verschiedene Leute nach dem Weg fragen, um den gesuchten Ort zu finden und ans Ziel zu kommen. Und das, auch wenn die Beschreibung, die wir erhalten haben, im Nachhinein eigentlich einleuchtend war ...
Woran liegt es, dass Erklärungen oft nicht wirklich eindeutig sind? Wie können Missverständnisse von vornherein ausgeschaltet werden?
Um jemandem etwas nahe zu bringen, muss ich mich in seine Situation begeben. Nur dann kann ich nachvollziehen, was er im Moment an Informationen braucht. Nur so kann die Kommunikation „funktionieren". Diese Kommunikationsgrundhaltung nennen wir Perspektivenwechsel (nach P. Th. Grießbach / Elmar Bartsch). Sie können dies - zumindest ansatzweise – in der folgenden Übung trainieren.

Übung zum Perspektivenwechsel

- Diese Übung können Sie nur mit einem Partner durchführen.
  Ihr Partner braucht einen Block und einen Stift zum Zeichnen. Sie brauchen eine Zeichenvorlage zum Erklären. Ihr Partner darf Ihre Vorlage nicht sehen. Setzen Sie sich deshalb mit dem Partner Rükken an Rücken auf zwei Stühle.
  Die Übung besteht darin, dass Sie Ihrem Partner das Bild so beschreiben, dass er es möglichst genau zeichnen kann. (Das künstlerische Können des Partners spielt dabei keine Rolle!)

Ihr Partner darf während der Übung keinerlei Rückmeldung geben (wie z.B. „Das geht mir zu schnell," oder „Wohin zeigt die Nase der Figur?"). Der Partner ist also stumm!
Auch Sie dürfen sich während der Übung nicht umdrehen und schauen, ob der Partner alles so zeichnet, wie sie es wollen.
Es besteht also kein wirklicher Kontakt, sondern Sie erklären und Ihr Partner zeichnet.
Sie beenden Ihre Beschreibung, wenn Sie meinen, dass alles gesagt ist und Ihr Partner fertig sein müsste.

Vergleichen Sie dann das Original mit der Zeichnung.

Lesen Sie erst nach der Übung die Reflektionsfragen auf der nächsten Seite.

Reflektionsfragen:

- *Entspricht das Ergebnis Ihren Vorstellungen?*
- *Wie stark weicht das Original von der Zeichnung ab?*
- *An welchen Stellen entstanden offensichtlich Missverständnisse?*
- *Wie haben Sie Ihre Erklärung begonnen? Haben Sie mit Details oder mit Grundsätzlichem (wie z. B. Format, Abstand zum Rand, Thema) angefangen?*
- *Wie haben Sie Ihr Erklärtempo gesteuert?*

Wiederholen Sie nun die Übung mit einem anderen Bild. Dazu folgende Tipps:

- ✓ Ordnen Sie Ihre Gedanken und bringen Sie eine Struktur in Ihre Anweisungen.
- ✓ Nennen Sie zuerst das Thema des Bildes und sagen Sie dem Partner, dass er noch nicht zeichnen soll. Geben Sie einen groben Überblick über Inhalt und Aufbau.
- ✓ Nennen Sie dann das Format.
- ✓ Gehen Sie nun langsam Schritt für Schritt den Bildaufbau durch, sodass Ihr Partner simultan mitzeichnen kann.
- ✓ Beugen Sie möglichen Missverständnissen vor, indem Sie mehrere Beschreibungsarten anbieten.
- ✓ Bedenken Sie die Richtungen, die anzugeben sind.
- ✓ Geben Sie genaue Zentimeterangaben, an denen sich Ihr Partner orientieren kann.
- ✓ Geben Sie Ihrem Partner genug Zeit, die Anweisungen auszuführen.

Tauschen Sie dann die Rollen, um zu erleben, wie sich der Zeichnende fühlt!

Übertragung auf den Alltag: Die Übung zeigt, dass die Dinge, von denen wir reden, für uns selbst klar, logisch und nachvollziehbar sind. Wir gehen davon aus, dass der Gesprächspartner uns verstehen und dadurch eine ähnliche Sicht der Dinge haben muss. Besonders wenn wir von einem Thema reden, von dem wir „Ahnung haben" (worin wir Erfahrung haben oder das wir studiert haben), gehen wir oft selbstverständlich davon aus, dass wir verstanden werden. Wir können es schwer akzeptieren, wenn jemand eine Sache anders sieht als wir. Wir bedenken nicht, dass sich unser Gesprächspartner eventuell auf einer anderen Zugangsebene befindet, die von einem ganz anderen Horizont herrührt – aufgrund

unterschiedlicher Ausbildung oder Lebenserfahrung. Doch es gibt unendlich viele verschiedene Herangehensweisen an ein Thema. Das verdeutlicht uns diese „einfache“ Übung. Sie zeigt, auf wie vielfältige Weise Informationen aufgenommen und verarbeitet werden können.
Ziel der Übungen ist es, sich in die Lage des anderen hineinversetzen zu können.
Für einen Lehrer z. B. ist dies elementar. Um einem Schüler etwas beizubringen, muss er sich in dessen Lage hineinversetzen und seinen Wissensstand einnehmen. Nur so kann er den Schüler da abholen, wo er steht. Ein Verkäufer muss sich in den Kunden hineinversetzen und ihn befragen, um herauszufinden, welches Produkt das Richtige für ihn ist. Ein Politiker muss die Sorgen der Bevölkerung kennen, um stellvertretend für sie etwas zu beschließen.
Sicher finden Sie auch Parallelen in ihrem Berufsfeld.
Bei der inneren Haltung des Perspektivenwechsels geht es allerdings ganz grundlegend darum, den anderen wahrzunehmen und eine gemeinsame Sicht der Dinge zu gewinnen. Und dies in den verschiedensten Kommunikationssituationen. Dazu muss ich den anderen ernst nehmen und mir die Mühe machen, mich in seine Lebenswelt hineinzudenken.

Wenn wir jemandem etwas erklären wollen, ist Ökonomie und Klarheit im Ausdruck wichtig. Oft müssen wir Schwieriges gleichsam für unser Gegenüber „übersetzen“, damit wir verstanden werden. Im Alltag fällt es uns allerdings gar nicht mehr auf, wie oft wir im Fachjargon sprechen.
Oft wird uns dieses Phänomen nur bei anderen bewusst. Vielleicht kennen Sie eine Situation wie diese: Sie versuchen telefonisch, detaillierte Informationen über Ihre Krankenversicherung zu bekommen. Nach dem Telefonat mit der betreffenden Stelle wissen Sie aber genauso viel wie zuvor. Die Begrifflichkeit des Gesprächspartners war nicht die Ihre und es konnte keine „Informationsübertragung“ stattfinden.
Die folgende Übung hat das Ziel, Kompliziertes anschaulich zu präsentieren.

Übung zum anschaulichen Formulieren

- Lesen Sie die folgenden Gebrauchsanweisungen und Gesetzestexte in Ruhe durch. Erklären Sie dann einem Partner in eigenen Worten die Bedienung der Geräte bzw. den Inhalt des Gesetzes.

Legen Sie vorher mit Ihrem Partner fest, ob er nachfragen darf oder nicht.

Achten Sie beim Erklären auf Folgendes:
- ✓ Wählen Sie bewusst einfache Worte!
- ✓ Sprechen Sie in kurzen Hauptsätzen!
- ✓ Konzentrieren Sie sich auf die Handlung, die der Partner ausführen soll!
- ✓ Benutzen Sie Verben statt Substantive!
- ✓ Lassen Sie Unwichtiges weg und geben Sie nur die wichtigen Informationen weiter!
- ✓ Finden Sie Beispiele, die Ihre Erklärung einprägsam machen!
- ✓ Wiederholen Sie in anderen Worten, wenn Sie das Gefühl haben, Ihr Partner hat Sie nicht verstanden!
- ✓ Benutzen Sie unterstützende Gesten!
- ✓ Halten Sie Blickkontakt!
- ✓ Fassen Sie am Schluss das Wichtigste noch einmal zusammen!

Befragen Sie anschließend Ihren Partner, wie er mit Ihrer Erklärung zurechtkam.

Anti-Plak W 1007

Das neue Eletro-Zahnpflegesystem von DentoCare

Anti-Plak W 1007 wurde von namhaften Zahnmedizinern aus ganz Europa zur täglichen Zahnpflege und gründlichen Plaque-Entfernung an allen Stellen Ihrer Zähne entwickelt.

Um Ihr Elekto-Zahnpflegesystem optimal zu nützen, prüfen Sie zunächst, ob das Netzkabel des Ladeteils schadhafte Stellen aufweist. Im Fall eines Defekts ist das Gerät zu einer DentoCare-Kundendienststelle zu bringen.

Technische Daten
Netzanschluss: siehe Boden des Ladeteils
Handstück: 2,4 Volt

Schließen Sie das Ladegerät mit dem Netzkabel an der Schutzkontaktsteckdose an und setzen Sie das Handstück auf.
Nach 16 Stunden ist der Akku vollgeladen. Damit bietet das Handstück eine Be-

triebsdauer von ca. 45 Minuten. Für den täglichen Gebrauch kann das Handstück gefahrlos für unbegrenzte Dauer auf dem angeschlossenen Ladeteil stehen. Es wird dadurch ständig die volle Leistung bereitgehalten. Ein Überladen ist nicht möglich. Um die maximale Kapazität des Akkus dennoch möglichst lange zu erhalten, empfiehlt sich eine regelmäßige Entladung mindestens alle sechs Monate. Trennen Sie dazu das Netzteil vom Netz und entladen Sie das Gerät durch reguläre Benutzung.

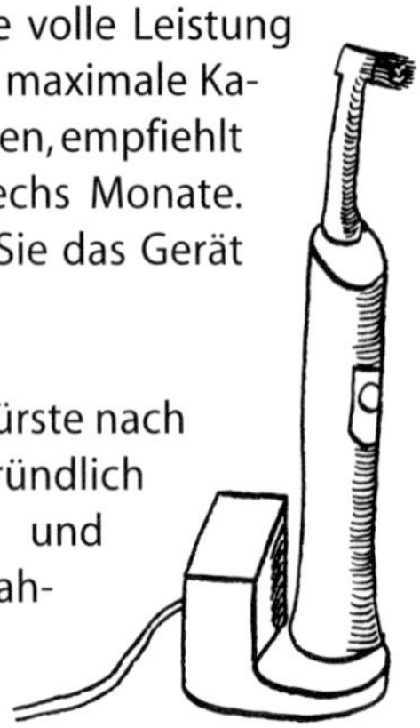

Reinigen:
Spülen Sie die Aufsteckbürste nach jedem Gebrauch bei eingeschaltetem Handstück gründlich unter fließendem Wasser. Handstück ausschalten und beide Teile separat spülen und trocknen. Zur Aufbewahrung und Ladung Bürste aufstecken und auf Ladesockel stellen.

Umweltschutz:
Dieses Gerät enthält Nickel-Cadmium-Akkus. Am Ende der Lebensdauer des Geräts nicht im Hausmüll entsorgen! Die Entsorgung kann über eine DentoCare-Kundendienststelle oder eine entsprechende Sammelstelle erfolgen.

Dieses Gerät entspricht dem BMB-Gesetz (zS-Richtlinie 1999) sowie der Niederspannungsrichtlinie (73/73).

Zoom-Profi Typ 1408

Bedienung:
Die Zoom-Profi Typ 1408 Camera benötigt zwei 3 Volt-Lithium-Batterien (RM 74). Diese Batterien liefern Strom für alle Camerafunktionen und die Datenrückwand ausgenommen Fernsteuerung (sofern vorhanden).

Zum Batterieneinsatz die Entriegelung des Batteriekammerdeckels in Pfeilrichtung schieben und Batteriekammer öffnen. Batterien wie auf der Innenseite des Batteriekammerdeckeln gezeigt einsetzen und Batteriekammerdeckel schließen.

Wenn die Camera länger als fünf Minuten nicht benutzt wird, wird die automatische Stromabschaltung aktiviert.

Zur Filmeinlegung die Camera am Hauptschalter einschalten. Die Rückwand mit der Entriegelung öffnen. Den Film ca. 2 cm aus der Filmrolle ziehen und in Patronenkammer einlegen. Film flach zwischen die Führungsschienen legen und

Filmanfang über Aufwickelspule bis zur Markierung ziehen. Rückwand schließen.
Wenn im Bildzähler eine „1" erscheint, ist das Gerät aufnahmebereit.
Ist der Film nicht richtig eingelegt, blinkt eine „0" im Bildzähler. Rückwand nochmals öffnen und Film neu einlegen.

Bei Gebrauch des Tele-Bereichs zwischen 50 mm und 140 mm und einem Objektabstand von weniger als 1,8 m die Nahaufnahmenmarkierung zur Wahl des Bildausschnitts und, wenn nötig, die Schärfespeicherung verwenden.
Auslöser dazu gedrückt halten.

Viel Spaß und viele schöne Bilder mit Ihrer neuen Zoom-Profi Camera!

Mietrechtseintritt (§ 14 MRG)

Der Mietvertrag wird durch den Tod des Vermieters – dessen Erbe(n) tritt (treten) in den Mietvertrag als Vermieter ein und ist (sind) an diesen Vertrag gebunden – nicht aufgelöst. Auch durch den Tod des Mieters wird der Mietvertrag nicht aufgelöst. Der Erbe (Die Erben) des Mieters tritt (treten) automatisch in den Mietvertrag ein, der Mietvertrag kann jedoch von dem(n) Erben des Mieters wie auch vom Vermieter aufgelöst werden (§ 1116a ABGB). Dies gilt jedoch nicht, wenn in den Mietvertrag eintrittsberechtigte Personen (Mitbewohner des verstorbenen Mieters) gemäß § 14 MRG vorhanden sind. Dann gehen die Mietrechte an der Wohnung – ohne Kündigungsmöglichkeit des Vermieters – an den (die) Mitbewohner über, wenn folgende Vorraussetzungen vorliegen:
1. Eintrittsberechtigt sind der Ehegatte, der Lebensgefährte, die Verwandten in gerader Linie (Kinder, Enkelkinder, Eltern etc.), Adoptivkinder und Geschwister, wenn sie zum Zeitpunkt des Todes mit dem Mieter im gemeinsamen Haushalt gelebt haben.
Eine bestimmte Mindestfrist – wie bei der Mietrechtsabtretung – ist hier nicht vorgesehen. Ausnahme: Lebensgefährte – hier wird eine eheähnliche Haushaltsgemeinschaft durch mindestens die letzten 3 Jahre vor dem Tod des Mieters gefordert (ein kürzerer gemeinsamer Haushalt reicht aber auch, wenn die Lebensgefährten die Wohnung gemeinsam bezogen haben)...

Auffällig an Gesetzestexten ist vor allem der komplizierte Satzbau mit vielen Gliedsätzen. Ebenso typisch sind der Nominalstil (viele Substantive) und die Wortwahl, die durch viele Fremdwörter gekennzeichnet ist. Für das Zuhören ist ein derartiger Sprechstil unerträglich.
Achten Sie deshalb bei Gesprächen oder Vorträgen darauf, nicht zu kompliziert zu sprechen. Machen Sie dazu folgende Übung.

Übung zur einfachen Wortwahl

- Suchen Sie einfache Ersatzwörter für die unten stehenden Begriffe:

eruieren

Budgetsanierung

Subvention

Synthese

inspizieren

arretieren

Dekret

dekodieren

asynchron

delegieren

Segment

reproduzieren

defekt

Indikation

initiieren

partizipieren

Konvolut

temporär

innovieren

Physiognomie

eliminieren

akut

ratifizieren

intervenieren

Sprechen Sie nun ein paar Sätze, in denen Sie jeweils eines der Fremdwörter gebrauchen. Sprechen Sie danach als Gegenprobe die Sätze mit den einfachen Ersatzwörtern.
Welcher Sprechstil ist eingängiger und direkter?

Den Gesprächspartner verstehen

Beim Erklären sind die Rollen klar verteilt: Ein Partner gibt Informationen, der andere verarbeitet sie.
Die Gefahr, dass sich Missverständnisse einschleichen, gibt es aber auch in einfachen, gewöhnlichen Alltagsgesprächen. Allein der Satz: „Sie sind aber mutig, dass Sie sich das zutrauen" lässt viele Deutungen zu. Wie kann diese Aussage vom Sprecher gemeint sein oder vom Gesprächspartner verstanden werden? In dieser Botschaft kann ein Appell versteckt sein, wie z. B. „Überlegen Sie sich noch mal gründlich, ob Sie das wirklich wollen!". Der Satz sagt außerdem etwas über den Sprecher und über die Beziehung der Gesprächspartner aus. Natürlich verrät uns auch der Tonfall und die ganze Situation meist, wie eine Nachricht gemeint ist. Friedemann Schulz von Thun hat in seinem Kommunikationsmodell der „vierseitigen Nachricht" die menschliche Kommunikation in dieser Hinsicht untersucht und erstaunliche Prinzipien herausgefunden. Er zeigt eindrucksvoll, wie vielschichtig die menschliche Kommunikation sein kann (siehe Literaturhinweise S. 109).

Für uns ist es deshalb elementar, zu trainieren, wie wir eindeutig und unmissverständlich kommunizieren können - sei es im privaten oder im beruflichen Bereich. Die eindeutige Kommunikation zwischen Menschen ist die Basis für eine reife Gesprächskultur.
Dabei spielt das Zuhören eine zentrale Rolle. Wann hören wir normalerweise schon wirklich zu? Im stressigen Alltag, wenn wir am Telefon eine Kundenanfrage entgegennehmen? In der Mittagspause, wenn ein Kollege mit einem Anliegen zu uns kommt? Zu Hause, wenn der Ehepartner von seinem Tag berichtet?
Wir müssen das richtige Zuhören meistens neu lernen, um zu entdecken, wie sehr es unsere gewohnte Kommunikation verbessern kann.
Arbeiten Sie dazu mit der Gesprächsübung des „kontrollierten Dialogs". Ziel ist das so genannte „aktive Zuhören". Sie brauchen dazu zwei Partner.

Übungen zum aktiven Zuhören
(nach Hellmut Geissner)

- Zwei Personen führen das Übungsgespräch, die dritte beobachtet, notiert Auffälligkeiten und greift ein, wenn die Regeln missachtet werden.

  Entscheiden Sie sich zunächst für ein Gesprächsthema (z. B. Familienplanung heute, Aggression in der Schule, Ethik der freien Marktwirtschaft, ...)

  Es ist nun nur eine Person berechtigt, frei zu sprechen (= aktive Person – links), die andere Person hört zu (= zuhörende Person – rechts) und wiederholt von Zeit zu Zeit das, was die aktive Person gesagt hat, in eigenen Worten. Dazu muss ihr natürlich die aktive Person auch die Gelegenheit geben, indem sie eine Pause macht.

Beim Wiederholen ist darauf zu achten, dass nichts weggelassen wird und nichts dazuerfunden wird. Hier hat die dritte Person die Gelegenheit zu korrigieren. Lassen Sie diese Rollenverteilung eine Zeit lang so laufen und besprechen Sie danach, wie es für beide war; vor allem für die zuhörende Person. Die dritte Person gibt nun ebenfalls ihr Feed-back. Tauschen Sie dann erst die Rollen.

- Nun sind beide Gesprächspartner gleichermaßen „sprechberechtigt“. Jeder wiederholt zuerst die Aussage des anderen, bevor er seinen Gesprächsbeitrag dazugibt. Eine geeignete Formulierung dabei ist: „Wenn ich dich richtig verstanden habe, findest du... ich stimme dir in einem Punkt zu,...“
  Das Gespräch wird also freier, weil jeder zur Entwicklung beiträgt.

Wahrscheinlich ist Ihnen aufgefallen, dass das Gespräch durch die Wiederholungsphasen gebremst wird. Ziel dieser „Bremse“ ist es, dass beide Partner ständig auf dem gleichen Informationsstand bleiben und sich austauschen, was beide wissen und denken (was nicht bedeutet, dass sie deshalb gleicher Meinung sein müssen). Sie „klären“, was Sache ist. So kann sich das Gespräch ständig miteinander weiterentwickeln.
Auch wenn die Übungssituation etwas künstlich scheint, so wird doch folgendes Ziel deutlich: Es geht um eine Gesprächsgrundhaltung: Den anderen ernst nehmen und verstehen wollen und sich mit seiner Sicht auseinander zu setzen, ohne sich selbst in den Mittelpunkt zu drängen – das wird hier geübt. Die Geduld und die Bereitschaft zuzuhören sind die Vorraussetzung für eine fruchtbare Verständigung. Es geht um ein kooperatives Gesprächsverhalten. Das Klärungsgespräch (nach Hellmut Geissner) ist der Grundtyp, auf dem andere Gesprächsarten aufbauen. Wenn Sie diesen Grundtyp „beherrschen“, können Sie sich an konstruktive Streitgespräche, Konfliktgespräche, Mitarbeitergespräche und Verhandlungen wagen. Jedes Mal geht es erst einmal darum, zu klären, was beide Partner denken, wollen usw. Wenn das feststeht, können die Partner ihre Differenzen klar herausarbeiten.
Klären heißt „fragen und fragen lassen“. Im Alltag nehmen wir uns leider nur selten die Zeit rückzufragen. Meist antworten wir aufs Geratewohl und gehen davon aus, dass wir verstanden haben, was der andere meint und umgekehrt. Sei es am Telefon, oder im Gespräch von Mensch zu Mensch. Hinzu kommt, dass wir oft gar nicht so genau zuhören, weil wir

unsere Antwort bereits planen, und damit sehr beschäftigt sind. Schließlich müssen viele Gespräche im Beruf unter Zeitdruck geführt werden. Außerdem wäre es ja peinlich, ständig nachzufragen... Schließlich will man ja nicht nerven. Doch genau das ist die Quelle der Missverständnisse. Und durch Missverständnisse entstehen Konflikte, die oft schwer zu entwirren und zu lösen sind.
Erst wenn wir uns auf den Gesprächspartner einlassen und versuchen, seine Perspektive einzunehmen und seine Sicht zu verstehen, kann ein echtes Miteinander entstehen, in dem beide Partner für die Weiterentwicklung und den Ausgang des Gesprächs offen bleiben.
Das Zuhören ist die Basis der Gesprächsfähigkeit! Erst wenn wir zuhören lernen, können wir schwierige Gesprächssituationen meistern. Die Fähigkeit, aktiv zuzuhören, wird privat wie beruflich ständig gebraucht; für den Lehrer, Pfarrer, Manager oder Politiker ist sie gleichermaßen wichtig.

Achten Sie deshalb im Alltag auf folgende Dinge:

- ✓ Den Partner in einem Gespräch nicht „zutexten“, sondern dialogisch bleiben.
- ✓ Pausen beim Sprechen einlegen, um dem anderen die Gelegenheit für Rückfragen zu geben.
- ✓ Wenn Sie das Gefühl haben, missverstanden zu werden, können Sie Ihre Aussage zur Sicherheit noch einmal mit anderen Worten wiederholen.
- ✓ Fragen Sie Ihrerseits nach, wenn Sie sich unsicher sind und reformulieren Sie Ihr Gegenüber in eigenen Worten. Z. B.: „Hab ich Dich da jetzt richtig verstanden, Du findest die Idee gefährlich...“
- ✓ Vorsicht: Um einen Verhörcharakter zu vermeiden, sollten Sie Ihrem Gegenüber immer zeigen, dass es Ihnen darum geht, den anderen richtig zu verstehen, und nicht, ihn auszuhorchen.

Selbstbewusst auftreten

Die Körpersprache

Wenn wir einem Menschen das erste Mal begegnen, schätzen wir ihn unbewusst sofort ein. Dabei spielen Stimme, Körperhaltung und Bewegung eine entscheidende Rolle. Wie spricht der andere? Klingt seine Stimme sympathisch? Wie steht oder sitzt er mir gegenüber? Wie bewegt er sich? Welchen Ausdruck hat sein Gesicht? Sieht er mir in die Augen?
Alle diese Faktoren spielen eine Rolle, wenn wir unser Gegenüber in den ersten Minuten einer Begegnung einschätzen.
Interessanterweise wirken die Körpersprache und die Stimme des anderen unbewusst eindringlicher auf uns als der Inhalt seiner Worte. Wissenschaftler haben herausgefunden, dass die Gesamtwirkung des Ausdrucks nur zu 3 % vom Inhalt beherrscht wird, dagegen zu 38 % vom Tonfall und der Stimme und zu 55 % von Gestik und Mimik (aus: British Journal of Psychology 1972). Obwohl dies seit langem bekannt ist, sind wir uns dessen im Alltag oft nicht bewusst.
Nur in wichtigen Situationen, wie z. B. Bewerbungsgesprächen erinnern wir uns plötzlich daran, dass auch unser körperliches Auftreten etwas über uns aussagt.

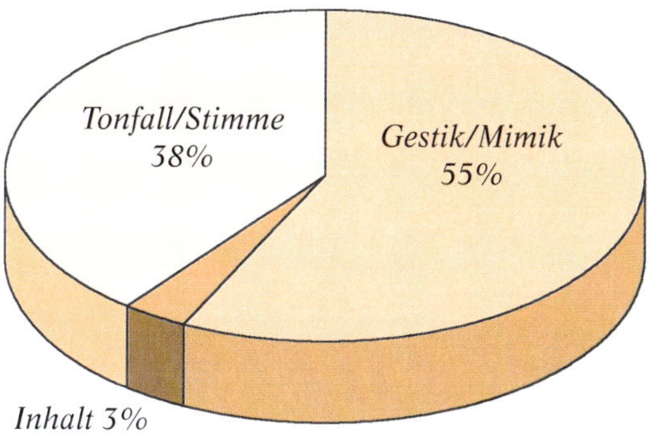

Die Gesamtwirkung des Ausdrucks

Die Körpersprache zu schulen ist nur begrenzt möglich und sinnvoll. Oft werden in Rhetorikkursen vorgegebene Gesten einstudiert, die nicht zum Einzelnen passen und dadurch lächerlich und unglaubwürdig wirken. Sie haben nichts mit der individuellen Persönlichkeit des Einzelnen zu tun. Wenn wir an unserem Auftreten etwas verändern wollen, ist es zunächst notwendig, dass wir unser „nicht sprachliches“(= nonverbales) Verhalten selbst kennen lernen. Sich für den eigenen körperlichen Ausdruck zu sensibilisieren ist Ziel der folgenden Übungen. Denn selbstbewusst auftreten heißt, sich seiner selbst bewusst zu sein!

Betrachten Sie dazu einmal Ihre Körperhaltung im Spiegel. Versuchen Sie eine Haltung einzunehmen, die Ihrem Auftreten im Alltag entspricht:

- ❑ Stehe ich mit beiden Beinen am Boden oder benütze ich meist Standbein und Spielbein?
- ❑ Ist die Brust eingefallen, herausgestreckt oder frei und locker?
- ❑ Was mache ich mit meinen Armen? Hängen die Arme herunter, sind sie vor den Körper gehalten oder sind sie irgendwo abgestützt?
- ❑ Sind die Schultern zusammengefallen, hochgezogen oder locker?
- ❑ Ist der Hals nach vorn gestreckt oder aufgerichtet?
- ❑ Ist das Gesicht verspannt, verschlafen oder frei beweglich?

Betrachten Sie nach dieser Beobachtung im Spiegel nun ein paar Fotos von sich oder, noch besser, Videoaufnahmen. Konzentrieren Sie sich auf Ihre Körperbewegung, Gestik und Mimik.
Machen Sie sich darauf gefasst, dass es unangenehm sein kann, sich so verfremdet zu sehen. Aber das ist normal!

Um sich bei wichtigen Gesprächen oder Vorträgen optimal zu präsentieren, ist eine „offene Körpersprache“ günstig! D. h., dass Sie sich dem anderen öffnen und ihn nonverbal dazu einladen, mit Ihnen zu kommunizieren und Ihnen zuzuhören. Mit einer „geöffneten Haltung“ sind Sie im Gespräch reaktions- und dialogfähiger als mit einer „verschlossenen Haltung“.
Oft halten uns bestimmte Angewohnheiten oder Aufregung davon ab, offen zu erscheinen.
Ein Beispiel für eine solche Körperhaltung, ist die – nennen wir sie „Winterhaltung“: Der Körper ist zusammengezogen, als ob ihm kalt wäre. Die Schultern sind angehoben, die Arme und Beine verschränkt, der Nacken verkürzt, der Blick gesenkt. In dieser Haltung ist die Kommunikation eingeschränkt.
Eine andere Haltung, die für Kommunikation ungeeignet ist, ist die ohne jegliche Körperspannung. Der ganze Körper hängt passiv wie an Seilen. Es ist so wenig Spannung vorhanden, dass die Kommunikation kraftlos und mühsam wird.

Um Ihre Gewohnheiten in Körperspannung und Körperhaltung kennen zu lernen, probieren Sie die folgenden Übungen:

Übung zur offenen Körperhaltung

Nehmen Sie nacheinander folgende Haltungen ein und finden Sie heraus, in welcher Haltung Sie den besten Kontakt zur Umgebung haben:

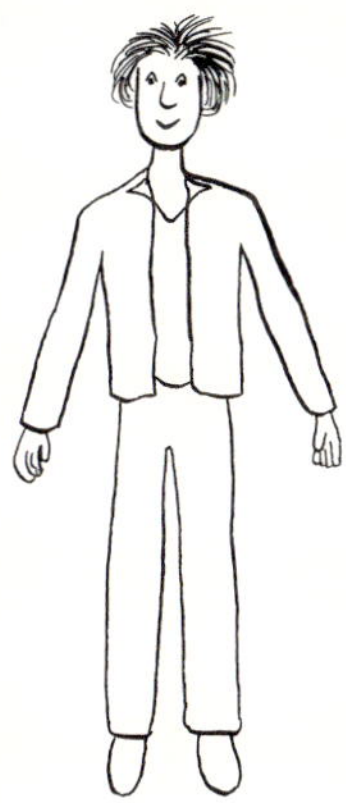

- Stellen Sie die Beine relativ breit auf (Schulterbreite). Beide Fußsohlen haben guten Bodenkontakt. Die Brust ist aufgerichtet, als würde sich dort ein drittes Auge befinden, das in den Raum schaut. Die Arme sind frei und Ihnen bewusst. Der Kopf ist aufgerichtet und sitzt beweglich auf der Halswirbelsäule. Die Schultern sind locker und beweglich. Der Blick ist weit und aufmerksam in den Raum gerichtet.
  Nennen wir diese Haltung weite Haltung oder **offene Haltung**.
  Versuchen Sie sich in dieser Haltung „einzurichten" und diese Haltung zu „füllen". Sprechen Sie so (z.B. über Ihren gestrigen Tag).

- Verändern Sie dann Ihre Haltung folgendermaßen:
  Verschränken Sie die Arme vor dem Körper. Senken Sie den Blick zu Boden. Die Schultern sind hochgezogen. Die Füße stehen nah beieinander. Ihr Aufmerksamkeitsradius ist klein.
  Nennen wir diese Haltung enge Haltung oder **geschlossene Haltung**.
  Sprechen Sie auch so ein paar Worte.
  Wechseln Sie dann wieder in die offene Haltung.

Welche Elemente dieser beiden Haltungen kennen Sie von sich, wenn Sie zu jemandem sprechen? Was haben Sie sich angewöhnt? Wie fühlen Sie sich wohl? Welche Haltung entspricht überwiegend Ihrer Kommunikationshaltung im Beruf?

Die offene Haltung steht für die Zuwendungshaltung. Sie ist als Grundhaltung in vielen Situationen günstig, denn die nonverbale Kommunikation ist nicht eingeschränkt: Ihre Hände sind frei für die Gestik, der Körper hat eine feste Basis durch den guten Stand. Atmung und Stimme können sich durch den aufgerichteten Brustkorb frei entfalten. Blickkontakt zum Gesprächspartner ist nahe liegend. Ihr Gesprächspartner merkt, wenn Sie mit dem ganzen Körper „anwesend" und aufgeschlossen sind.
Versuchen Sie im Alltag immer wieder auf Elemente der günstigen Haltung zu achten. Das kann z. B. bei einer Präsentation der Stand auf beiden Beinen oder in einem Konfliktgespräch der offene Blickkontakt sein. Wichtig ist dabei jedoch immer, dass Sie sich wohl fühlen und keine angelernten Bewegungen und Haltungen benutzen, sondern authentisch bleiben!

Sich vor anderen zu präsentieren ist vor allem eine Gewohnheitssache. Wer damit vertraut ist, in einer exponierten Situation zu sprechen, kann seine Wirkung auf die Zuhörer besser einschätzen als jemand, der zum ersten Mal vor einer Gruppe steht. Durch geeignete Übungen kann das Auftreten in der Öffentlichkeit trainiert werden. Angemessen zu erscheinen und authentisch zu bleiben ist dabei wieder das Ziel des Trainings. Die folgende Übung soll Ihnen Gelegenheit geben, zu testen, wie Sie sich in einer exponierten Situation verhalten. Erfahren Sie den Umgang mit dem Raum, in dem Sie sprechen.

Übungen zur Selbstpräsentation

- Stellen Sie sich auf einen Stuhl in die Mitte des Raumes.
  Lesen Sie die folgenden Sprichwörter (Seite 67f.) langsam und laut vor.

  Wählen Sie drei davon aus und prägen Sie sie sich ein. Legen Sie das Buch dann ab, damit Sie die Hände frei haben.
  Sprechen Sie nun Ihre ausgewählten Sätze als Statements laut in den Raum.
  Lassen Sie auch Gesten dazukommen, wenn es passt.

  Steigen Sie dann vom Stuhl herunter und vergleichen Sie Ihre Körperspannung und Präsenz.
  Wie haben Sie sich so exponiert auf der „Bühne" gefühlt? Wie fühlen

Sie sich „am Boden“? Wie war Ihre Haltung? Wie hat sich Ihre Stimme angehört? War sie lauter und Raum füllender als zuvor? Können Sie einen Unterschied zu sonst feststellen?

- Sprechen Sie einige Sprichwörter von verschiedenen Stellen des Raumes aus. Was verändert sich, wenn Sie z. B. in der Ecke oder an der Tür stehen? Ist Ihr Körpergefühl ein anderes, wenn Sie zentral im Raum stehen?

- Stellen Sie sich nun in die Mitte des Raumes. Suchen Sie sich einen entfernten Punkt im Raum und sprechen Sie ein Sprichwort „sendend“ dort hin. Achten Sie auf eine aufgerichtete Haltung. Fühlen Sie sich so groß, als würden Sie den ganzen Raum ausfüllen.

- Wählen Sie nun einen Ansprechpunkt außerhalb des Raumes, in dem Sie sich befinden, am besten draußen, vor dem Fenster. Vielleicht können Sie auch vorbeigehende Personen als Ansprechpartner „benützen“. Diese müssen dies jedoch nicht merken.

- Sprechen Sie nun einen Punkt an, der sich hinter Ihnen befindet. Drehen Sie sich dazu jedoch nicht um, sondern wenden Sie Ihre Konzentration allein Ihrem Rückenraum zu. Was für eine Wirkung entsteht in Bezug auf Ihre Stimme?

SPRICHWÖRTER

Wer gut sattelt, reitet gut.

Wie man dir ruft, so antworte.

Wer A sagt, muss auch B sagen.

In die Hölle ist es überall gleich weit.

Keine Antwort ist auch eine Antwort.

Je höher der Affe steigt,
Je mehr er den Hintern zeigt.

Aufgeschoben
Ist nicht aufgehoben.

Viel Köpfe gehen schwer unter einen Hut.

Wenn das Aug nicht sehen will,
So helfen weder Licht noch Brill.

Wer viel begehrt, dem mangelt viel.

Wer nichts begehrt, dem geht nichts ab.

Erst besinn's,
Dann beginn's.

Behaupten ist nicht beweisen.

Besser eine Laus im Kraut als gar kein Fleisch.

Nach dem Rat
Greif zur Tat.

Schweig oder red etwas, das besser ist denn Schweigen.

Grobe Säcke muss man nicht mit Seide zunähen.

Jedem das Seine, so hat der Teufel nichts.

Dreimal umgezogen ist einmal abgebrannt.

Hurtig zur Arbeit, hurtig zum Imbiss.

Übung macht den Meister.

Sprechen Sie nun frei erfundene Statements, die Ihre persönlichen Überzeugungen ausdrücken. Fassen Sie sich kurz, denn „in der Kürze liegt die Würze"!

Übertragen Sie die Erfahrungen der Übungen zur Selbstpräsentation auf Ihren beruflichen Alltag:
- ✓ Achten Sie bei einer Präsentation vor einer Gruppe auf Ihre Stellung im Raum.
- ✓ Suchen Sie sich bei einem Vortrag auch Zuhörer in der letzten Reihe, die Sie ansprechen.
- ✓ Versuchen Sie bei einem Bewerbungsgespräch Ihre Körperhaltung bewusst auszufüllen.
- ✓ Bemerken Sie bei einem Kundengespräch den Abstand, der zwischen Ihnen und dem Kunden besteht, und verändern Sie ihn, wenn nötig.

Der präsente Blick

Besonders, wenn wir längere Zeit über einen schwierigen Inhalt sprechen, passiert es, dass unsere Augen für kurze Zeit vom Gesprächspartner abschweifen und nach oben, rechts oder links wandern. Dieses Phänomen hat mit den Gehirnregionen zu tun, die wir während des Sprechens beanspruchen. Wenn diese Augenbewegungen zu häufig erfolgen oder zu lange andauern, wird der Kontakt zum Zuhörer gestört. Er fühlt sich nicht mehr wirklich „gemeint" und erlebt den Sprecher als unruhig und „nicht bei der Sache". Dieser ist dann allerdings mehr bei der Sache als beim Partner, und das fällt störend auf. Versuchen Sie deshalb einen „offenen, variablen Blickkontakt", der an der Kommunikation „teilnimmt", zu pflegen.
Dieser Blickkontakt sollte allerdings nicht verwechselt werden: Ein starrer, fixierender oder prüfender Blick stört die Kommunikation ebenso und wirkt bedrohlich auf den Zuhörer.

abschweifender *kontaktreicher* *fixierender*
Blick

Sprechpausen

Oft können wir es beim Sprechen nur schwer ertragen, wenn wir einmal zwei Sekunden Stille erzeugen – wenn wir also eine ungewollte Sprechpause machen. Wir benutzen Füllwörter und Verlegenheitslaute, um peinliche Pausen in Gesprächen oder Vorträgen zu überbrücken.
Interessanterweise stören uns Pausen dagegen kaum, wenn wir Zuhörer sind. Wir sind dann sogar dankbar, wenn nicht ununterbrochen gesprochen wird, sondern wenn es Augenblicke gibt, in denen wir das Gehörte verarbeiten können. Zu viele Füllwörter fallen uns dann störend auf, weil Sie unsere Aufmerksamkeit für Unwichtiges verschwenden.
Es wird deutlich, dass es eine unterschiedliche Wahrnehmung zwischen Sprecher und Zuhörer gibt - insbesondere was Pausen betrifft. Der Sprechende hat besonders dann, wenn er sich in einer exponierten Position befindet, eine verzerrte Zeitwahrnehmung, weshalb ihm Pausen unangenehm erscheinen.
Achten Sie deshalb bewusst darauf, dieser Wahrnehmungsverzerrung gegenzusteuern! Sprechen Sie also langsam und machen Sie genug Pausen. So bekommen Ihre Worte Gewicht!
Am besten können wir am Sprechen mit Pausen arbeiten, wenn wir Extreme ausprobieren.
Machen Sie dazu die folgende Übung:

Übung zum Sprechen mit Pausen

- Sprechen Sie die folgenden Sprüche laut und benutzen Sie bei den Punkten Füllwörter und Verlegenheitslaute, wie z. B.: „äh, also, hm, so, tja“ und ähnliche.

  Sprechen Sie anschließend die Sprüche noch einmal und machen Sie bei den Punkten eine Pause, bei der Sie jedes Mal bis vier zählen und einen Einatemzug abwarten. Bleiben Sie dabei in der Pause präsent im Raum und halten Sie Blickkontakt zu Ihrem Gegenüber!

  Vergleichen Sie anschließend die Wirkung Ihrer Worte. Wenn Sie sich aufgenommen haben, werden Ihnen die Unterschiede besonders deutlich auffallen.

Iss, was gar ist,...
trink, was klar ist,...
red, was wahr ist...

Froh zu sein...
bedarf es wenig...
Und wer froh ist...
ist ein König...

Aufforderndes Sprechen

Natürlich darf unser Sprechen durch die Sprechpausen nicht an Frische verlieren. Es gibt durchaus Sprecher, die sich einen zu gleichförmigen Rhythmus angewöhnt haben, was auf Dauer monoton wirkt. Man fühlt sich nicht wirklich angesprochen und gemeint. Der Kontakt zum Zuhörer geht verloren und es wird anstrengend, dem Gesagten zu folgen.
Ziel ist eine schwungvolle Art zu sprechen, die die Kommunikation mit dem Zuhörer sucht. Es ist also ein Sprechen, das dialogisch angelegt ist und Wirkung und Reaktionen beim Zuhörer auslösen will! Das kann Bestätigung oder Kontra sein.
Eine bestimmte Wirkung möchte z. B. ein Werbetext auslösen. In diesem Fall ist es das immer gleiche Ziel: Kaufen Sie das Produkt!

Um das kommunikative Sprechen mit Aufforderungscharakter zu üben, arbeiten wir deshalb mit den folgenden Werbetexten:

Übung zum „auffordernden Sprechen“

- Sprechen Sie die Werbetexte laut und unterstützen Sie Ihr Sprechen durch auffordernde Gesten. Wenn Sie wollen, können Sie auch während des Sprechens immer näher zu Ihrem Partner kommen und ihn sogar berühren.

  Lassen Sie zu, dass Sie mal laut, mal leise sprechen und dass sich Ihre Sprechmelodie verändert! Übertreiben Sie ruhig ein wenig!

„Mmh – sind die saftig! Und so rot...! Die süßen Cocktailtomaten aus Italien! Jetzt supergünstig! Greifen Sie zu!"

„Der neue Fensterreiniger von CLEAR wischt so sauber und streifenfrei! Sehen Sie selbst! - Unglaublich! Ich hab' den Durchblick!"

„Mann, sehen Sie müde aus... Da hilft nur ein Frischedrink von Quell! Mit vielen gesunden Vitaminen drin! Jetzt auch in umweltfreundlichen Pfandflaschen erhältlich! Zum Testpreis von nur 1,50! - Damit Sie wieder munter werden!"

„Holen Sie sich die praktischen Allzweckschrauben von MÄX! Jetzt im Hunderter-Pack! Heute im Sonderangebot für nur 2 ,90!"

„Sie geben morgen eine Party?! – Kein Problem! Mit den Knusperstangen von KRÄCK! Jetzt in drei peppigen Geschmackssorten! Unwiderstehlich...!"

Sprechen Sie abschließend fünf Minuten frei zu einem Thema aus Ihrem Beruf, mit dem Sie zurzeit zu tun haben und achten Sie dabei auf folgende Punkte:

- ✓ zentrale Stellung im Raum
- ✓ aufrechte Haltung
- ✓ präsente Körperspannung
- ✓ kommunikativer Blickkontakt
- ✓ natürliche Gestik
- ✓ angemessene Lautstärke
- ✓ angemessene Sprechpausen
- ✓ aufforderndes Sprechen

Lampenfieber

Hatten Sie schon einmal Lampenfieber?
Es wäre verwunderlich, wenn nicht! Wir kennen wohl alle dieses unangenehme Gefühl, das uns übermannt, wenn ein wichtiges Gespräch bevorsteht oder wir vor einer größeren Gruppe von Leuten sprechen sollen. Meist fällt es uns in solchen Situationen besonders schwer, selbstbewusst aufzutreten.

Überlegen Sie nun kurz, wie sich Lampenfieber bei Ihnen äußert. Denken Sie an eine Situation, die sie erlebt haben oder die Ihnen bevorsteht. Lesen Sie anschließend die Liste der Signale, die man vor bzw. in einer stressigen Sprechsituation bemerken kann.

- Schweißausbrüche
- Harndrang
- Durchfall
- Übelkeit
- starker Herzschlag
- rot werden
- zittern
- fehlende Gestik und Mimik
- übertriebene Gestik und Mimik
- erhöhtes Einatembedürfnis beim Sprechen/Schnappatem
- Unkonzentriertheit – den Faden verlieren

Interessant ist in diesem Zusammenhang die Theorie, dass es in Lampenfiebersituationen zu zwei verschiedenen Arten von Reaktionen kommen kann:
Der eine Sprecher gestikuliert bei Aufregung sprunghaft, seine Mimik wirkt übertrieben, ihm wird heiß. Ein anderer Sprecher verhält sich gegenteilig: Er erstarrt gleichermaßen, wenn er aufgeregt ist. Gestik und Mimik sind reduziert, ihm wird kalt.
Den ersten Typ nennt man „Fluchttyp“, den zweiten „Totstelltyp“, entsprechende Verhaltensmuster wurden im Tierreich beobachtet. In abgewandelter Form können sie beim Menschen beobachtet werden. Der „Fluchttyp“ setzt zu viel Energie frei, der „Totstelltyp“ zu wenig. Überlegen Sie kurz selbst, welcher Typ Sie sind!
Auch unsere Atmung ist in stressigen Situationen gestört: Wenn wir aufgeregt sind, pumpen wir uns unbewusst mit Luft voll (siehe Coblenzer/Muhar, Atem und Stimme. Anleitung zum guten Sprechen, 19. Auflage, Wien 1999), weil wir glauben, dass wir für die folgenden Sätze einen Vorrat brauchen. Allerdings verbrauchen wir diesen Vorrat meist gar nicht, atmen aber trotzdem nach der gesprochenen Aussage erneut Luft nach. So kommt es zu einem Luftstau, der uns beengt und ökonomisches Sprechen unmöglich macht. Diese veränderte Atmung ist ein Hinweis auf den gestörten Kontakt zu den Zuhörern, der durch Lampenfieber entstehen kann.
Ein weiteres Phänomen bei Lampenfieber ist Folgendes: In einer exponierten Situation verzerrt sich unsere Zeitwahrnehmung. Wir nehmen alles intensiver und dadurch gedehnter wahr. Daher kommt es, dass wir selbst schneller sprechen als sonst. Für den Zuhörer entsteht der Eindruck der Hektik und der Sprecher wirkt nervös. Der Zuhörer wünscht

sich mehr Ruhe und Sprechpausen. Der Sprecher selbst dagegen empfindet Pausen vor allem bei Aufregung als Löcher (siehe S. 70).

Wir selbst nehmen unser Lampenfieber meist überdeutlich wahr und lassen uns davon beeinträchtigen. Umgekehrt fällt uns das Lampenfieber anderer nur selten störend auf. Oft empfinden wir es sogar als sympathisch, wenn ein Sprecher rot wird oder den Faden verliert. Es verdeutlicht uns, dass es vielen Sprechern in exponierten Situationen ähnlich ergeht, wie uns.
Leichtes Lampenfieber erhöht die Grundspannung des Sprechers und ist daher als positiv zu bewerten.
Nur wenn das Lampenfieber die Kommunikation stark einschränkt, wird es für den Sprecher und die Zuhörer zur Qual, weil diese beginnen, mit dem Sprecher „mitzufiebern". Und das ist anstrengend.

Abhilfe bei Lampenfieber

Oft genügt schon die Erkenntnis, dass es „normal" ist, Lampenfieber zu haben.
Am besten ist es allerdings, sich an derartige Sprechsituationen zu gewöhnen, um sich darin sicher zu fühlen. Nichts ist so wirksam wie die Routine!
Dazu ist es natürlich nötig, sich derartigen Situationen immer wieder auszusetzen und sie nicht zu vermeiden. Fangen Sie also in „ungefährlichen" Situationen mit dem Trainieren an. Gehen Sie dann schrittweise zu schwierigeren Situationen mit einer größeren Öffentlichkeit über.
Lassen Sie sich jedes Mal ein Feed-back einer vertrauten Person über Ihre Wirkung geben.

Kleine Hilfen vor einer schwierigen Sprechsituation

✓ **Atem- und Körperübungen machen**
Ziel: Sich den Körper bewusst machen.

✓ **Frischluft tanken**
Einen kurzen Spaziergang im Freien machen.
Ziel: Beruhigung (Energieabbau) bzw. Anregung (Energieaufbau).

✓ **Anfreunden mit den örtlichen Gegebenheiten**
Z. B: schon lange vorher im Raum sein, Smalltalk mit möglichst vielen anwesenden Personen, Probesprechen auf der Bühne mit oder ohne Mikrofon.
Ziel: Der schwierigen Situation nicht ausweichen, sondern nahe kommen.

Konzentrationsübungen kurz vor dem „Sprechauftritt"

- Stehen Sie ruhig auf beiden Fußsohlen. Spüren Sie den Boden unter Ihren Füßen.
  Schließen Sie dann die Augen und hören Sie die Geräusche, die Sie umgeben. Spüren Sie die kalte oder warme Luft, die Sie umgibt. Schnuppern Sie einmal, wie es im Raum riecht. Beobachten Sie dann Ihren Atemrhythmus in Ruhe.

- Öffnen Sie die Augen und bewegen Sie sich: Strecken Sie sich und gähnen Sie dazu herzhaft und laut.

- Fangen Sie an, die Hauptaussagen Ihres bevorstehenden Gesprächs oder Ihrer Rede kurz zusammenzufassen. Wenn es die Situation zulässt, so sprechen Sie die Zusammenfassung laut in den Raum oder zu einem vertrauten Partner.

Tipps bei Lampenfieber während der Sprechsituation

✓ **Blickkontakt zu den Zuhörern aufnehmen!**
✓ **Vor jedem Satz die überflüssige Restluft ausatmen!**
✓ **Bewusst langsam sprechen!**
✓ **Zuhörer direkt ansprechen und Reaktionen wahrnehmen (dialogisches Sprechen)!**

Nicht zuletzt ist es natürlich entscheidend, dass Sie ein klares Konzept für Ihr Gespräch oder Ihre Rede haben. Nur so behalten Sie den Überblick und können sich in der bevorstehenden Situation sicher fühlen. Wer selbst nicht weiß, was er zu sagen hat, wird unsicher und nervös. Im folgenden Kapitel finden Sie ausgewählte Konzepte zur Vorbereitung einer Rede.

Vorträge halten

Je nach Beruf sind Sie unterschiedlichen Redesituationen ausgesetzt: Es kann sein, dass Begrüßungsansprachen, Überzeugungsreden, Predigten, Informationsvorträge, Präsentationen u. Ä. zu Ihrem Alltag gehören. Woran liegt es, dass ein Vortag für die Zuhörer mühsam und zäh sein kann, ein anderer dagegen ansprechend, interessant und überzeugend?

Als Redner sollten Sie zunächst einige Vorüberlegungen durchgehen, bevor Sie mit der genauen Ausarbeitung Ihres Vortrags beginnen. Diese Überlegungen können helfen, grundlegende Fehler von vornherein zu vermeiden.
Zunächst einmal ist es elementar, dass Sie sich ein Ziel für Ihre Rede fassen. Wenn nämlich nicht einmal Sie als Redner ein Ziel haben, so kann der Zuhörer auch keines erkennen. Das Ziel orientiert sich natürlich am Anlass der Rede. Das kann z. B. sein: „Ich möchte meine Kunden über ein Integrationsprojekt informieren." Oder: „Ich möchte meine Kollegen davon überzeugen, mit öffentlichen Verkehrsmitteln zu fahren." Oder: „Ich möchte meine Zuhörer in gute Laune versetzen und zum Lachen bringen."
Dazu ist es unerlässlich, dass Sie wissen, wer Ihre Zuhörer sind. Das heißt nicht unbedingt, dass Sie jeden Einzelnen persönlich kennen müssen, aber Sie sollten ungefähr wissen, für welche Zielgruppe Sie sprechen werden. Nur so können Sie Ihre Beispiele, Argumente und Ihre Art zu sprechen angemessen wählen.

Auch wenn die Zuhörer freiwillig zu ihrer Rede kommen, ist es notwendig, sie am Anfang des Vortrags für Ihre Inhalte zu interessieren. Das ist besonders in Sachvorträgen und Überzeugungsreden elementar. Jeder muss begreifen, warum es sich für ihn lohnt zuzuhören. Sie müssen Ihre Inhalte als Redner also gut „verkaufen"! In der Werbung und in der Wirtschaft wird das Prinzip der Motivationsphase in verschiedenen Bereichen seit langem kultiviert. In Wissenschaft, Kirche oder Schule allerdings werden Vorträge, Glaubensinhalte oder Lerninhalte nicht immer spannend und hörgerecht präsentiert.
Wenn wir unsere Zuhörer erreichen wollen, empfiehlt es sich, einen eigenen Redeteil zu Beginn einer Rede dafür einzuplanen, um den Zuhörern „den Appetit anzuregen": den Motivationsteil. Dieser Redeteil ist mit einem Trichter vergleichbar, der in den Hauptteil mündet.

Hier können Sie z. B. eine Situation schildern, die mangelhaft ist und nach einer Lösung sucht. Dann leiten Sie ohne Umschweife direkt zu Ihrem Inhalt über, der nun positiv besetzt ist. Z. B.:
„Wenn wir Zeitung lesen oder einer wissenschaftlichen Diskussion zuhören, so tauchen oft Fremdwörter auf, die wir nicht kennen und nicht verstehen.“ (Mangelhafte Situation)

„Ein Großteil der Fremdwörter der deutschen Sprache kommt aus dem Lateinischen. Indem wir uns mit der lateinischen Sprache beschäftigen, finden wir schließlich auch zu unserer eigenen. Wir können viele Wörter direkt aus dem Lateinischen ableiten und dadurch die Fremdwörter verstehen. Deshalb schauen wir uns jetzt einige lateinische Vokabeln genauer an ...“ (Überleitung zum Hauptteil)

Bei diesen Vorbereitungsschritten geht es nicht um faule Tricks, sondern darum, einen Vortrag wirksam zu machen.
Die genannten Elemente machen eine Rede schon in der Vorbereitung dialogisch, da Sie die Rede auf Ihre Zuhörer zuschneiden.
Bevor Sie also Ihre Rede genau planen, überprüfen Sie folgende Checkpunkte:

✓ **Ziel klar?**
z. B.: vor etwas warnen, überzeugen, unterhalten, in Stimmung bringen, aufmuntern, zum Nachdenken anregen, informieren...

✓ **Zielgruppe bekannt?**
Alter, Beruf, Anliegen, Gruppenzugehörigkeit...

✓ **Motivation?**
Warum braucht mein Publikum diesen Vortrag? Was fehlt ihm, wenn es nicht zuhört?

Nun kommt der schwierigste Teil: die gedankliche Struktur, auf der der Erfolg Ihrer Rede basiert. Dazu gibt es verschiedene Redekonzepte, die sich nach dem Anlass richten. Sie finden im Folgenden drei unterschiedliche Redetypen: Den Sachvortrag, die Überzeugungsrede und die Begrüßungs- oder Gesellschaftsansprache.

Sachvorträge vorbereiten

KONZEPT SACHVORTRAG

1. **Motivation**
2. **Frage**
3. **Antwort (= Hauptteil, z. B.: Informationen, Forschungsergebnisse...)**
4. **Schluss (auf Motivation bezogen, Zusammenfassung oder Ausblick)**

1. Beginnen Sie ihren Vortrag nicht gleich mit den Informationen zu Ihrem Thema, sondern nutzen Sie die ersten Sätze für die Hinführung in Form der Motivationsphase. Sie macht Ihre Zuhörer aufnahmebereit für die Informationen und sorgt dafür, dass sie gespannt zuhören und mitdenken.

   Z. B.: **Jahresrückblick einer Pharmazeutin am Anfang eines Arbeitstreffens**.
   „Es tut sich gesetzestechnisch so viel in Europa, dass wir teilweise den Überblick verlieren und schlecht zu einer geschlossenen Position in unserer Branche kommen.“ (Motivation)

   „Deshalb freue ich mich, dass wir heute beisammen sind und ich Ihnen die wichtigsten Informationen zu den jüngsten Ereignissen geben kann.“ (Überleitung zum Hauptteil)

2. *„Was hat sich also im letzten Jahr alles geändert?“* (Frage)

3. *„Die größten Veränderungen gibt es im Bereich der rezeptfreien Arzneimittel...“* (Antwort)

   Im Hauptteil geben Sie Antworten auf Fragen, die die Zuhörer zu diesem Thema haben könnten. Um diese gezielt vorzubereiten, ist es notwendig, dass Sie sich bei der Vorbereitung der Rede in die Zuhörer hineindenken. Die Technik der W-Fragen, kann hier eine Hilfestellung sein: Befragen Sie Ihr Thema nach **W**er – **W**arum – **W**ie – **W**o – **W**ann usw. Je besser Sie den Perspektivenwechsel schaffen, desto wirksamer ist Ihr Vortrag. Der Zuhörer wird ernst genommen!

Bei längeren Sachvorträgen ist es für den Zuhörer hilfreich, wenn der Redner die Gliederung des Hauptteils anmoderiert. D. h., er nennt zuerst die verschiedenen Punkte, damit sich der Zuhörer orientieren kann: z. B. *„Ich werde Ihnen zuerst die jeweilige alte Gesetzeslage zitieren, dann die Neuerung vorlesen und anschließend unsere Bewertung geben."* ...

4. Der Schluss kann zu einer Aktivierung der Zuhörer überleiten: *„Nachdem wir uns nun einen Überblick der aktuellen Lage verschafft haben, lade ich Sie nun ein, in der Diskussion unsere gemeinsame Position abzustecken."* (Schluss)

Oft ist es für die Zuhörer anstrengend, einen Vortag nur akustisch aufzunehmen. Deshalb empfiehlt es sich, auch andere Sinneskanäle anzusprechen. Überlegen Sie, wie Sie Ihren Vortag mit Medien bereichern können. Das können Folien, Bilder oder auch ein überraschender Gegenstand sein. Aber überfordern Sie Ihr Publikum nicht durch eine Bombardierung mit zusätzlichen Mitteln. Diese Mittel sind nur als Unterstützung und Erfrischung Ihrer Rede gedacht! Wählen Sie also in Ruhe aus, was sich für Ihr Thema eignet und bereiten Sie den Einsatz der Medien genau vor. Ein häufiger Fehler ist z.B., dass der Vortragende auf eine Folie schreibt und gleichzeitig spricht. Das ist verwirrend. Achten Sie deshalb immer darauf, dass Sie den Kontakt zu den Zuhörern durch Medien nicht einschränken.

Überzeugungsreden vorbereiten
(nach P. Thomas Grießbach / Elmar Bartsch)

Wenn es darum geht, eine Gruppe von Leuten von einer Idee oder einem Konzept zu überzeugen, ist es besonders wichtig, den Aufbau der Rede so zu anzulegen, dass Ihre Sache wirklich wirksam präsentiert wird.

KONZEPT ÜBERZEUGUNGSREDE

1. **Motivation**
2. **Problemfrage**
3. **Versuch/Irrtum**
4. **Lösung (Ihre Idee)**
5. **Zirkelschluss**

Z. B.: **Neues Werbeplakat für eine Firma – Mitarbeiter einer Werbeagentur stellt seine Idee vor.**

1. Die Motivationsphase ist hier elementar. Dadurch, dass Sie eine mangelhafte Situation schildern, zeigen Sie schon die Notwendigkeit für eine Veränderung und machen neugierig auf Ihren Vorschlag.
   Z.B.: *„Seit zwei Jahren ist unser Plakat für die Firma ‚safeversicherungen' in abgewandelter Form in der Stadt zu sehen. Der neue Chef der Firma ‚safeversicherungen' ist nun an uns herangetreten, weil er das Logo und die Gestaltung überarbeitet haben will. Er sagt, dass er die Farbgebung des Plakats als zu unauffällig und altmodisch empfindet."* (Motivation)

2. Nach der Motivationsphase wollen die Zuhörer mit Ihnen in Gedanken die Entwicklung Ihrer Idee mitverfolgen. Die negative Situation mündet also in eine Frage. Stellen Sie hier eine offene Problemfrage, bei der jeder Zuhörer in Gedanken mitsuchen kann. Z. B.: *„Wie können wir erreichen, dass das Plakat frischer und peppiger erscheint, ohne das bewährte Firmenlogo zu verleugnen?"* (Problemfrage)

3. Nun können Sie Lösungen anderer anführen, die Sie aber selbst nicht überzeugt haben. Sie zeigen damit, dass Sie sich mit dem Problem auseinander gesetzt haben. Darüber hinaus beugen Sie Gegenargumenten vor, wenn Sie diese bereits in Ihrer Rede entkräften.
   Z. B.: *„Es könnte jemand auf die Idee kommen, ein ganz anderes Fotomotiv zu nehmen. Da könnte man die dargestellte Szene gleich moderner anlegen und hätte auch einen neuen Leitsatz darunter, wie ‚Sicher mit safeversicherungen'."* (Versuch)
   „Allerdings wollten wir ja ausdrücklich die Werbeserie mit dem gewohnten Motiv fortsetzen, und das könnten wir damit nicht mehr." (Irrtum)
   Sie müssen diese Lösungsvorschläge anderer nicht schlecht machen – es reicht, wenn Sie jeweils einen Mangel daran aufzeigen.

4. Nun stellen Sie Ihre Lösung vor – und zwar zunächst in einem Satz:
   „Ich habe mich deshalb zu einer rein grafischen Umgestaltung entschlossen, bei der die Farbgebung des Logos in den Vordergrund tritt". (Lösung)
   Hier sollte das Neue Ihrer Idee deutlich ausgesprochen werden.
   Dann fangen Sie an, Ihre Lösung zu erklären und ausführlich zu präsentieren. In der Vorbereitung können Sie Ihre Lösung durch W-Fragen (**W**er – **W**ann – **W**odurch – **W**o...) von allen Seiten her „abklopfen". Ihre Argumentation wird dadurch konkret und Sie müssen sich

schon in der Vorbereitung festlegen. Sie erkennen selbst rechtzeitig, wo Ihre Lösung noch genauer ausgearbeitet werden muss.
In der Lösungspräsentation zeigen Sie auch auf, was sich verändert, wenn Ihre Idee angenommen wird. Sie zeigen, was die Umsetzung in der Zukunft Positives auslöst.
„Das Fotomotiv bleibt, damit es der Betrachter wiedererkennt. Allerdings sind die Farben des Fotos leicht verfremdet. Ich habe Ihnen hier einen Probeabzug mitgebracht: Neu ist das Azurblau mit dem Lila in Kombination. Dadurch bekommt das Ganze einen eindeutig modernen Touch. Die gleichen Farben treten auch im Logo wieder auf. Dadurch erreichen wir, dass das Plakat in sich stimmig wirkt und auch für andere Werbemittel, wie Handzettel verwendet werden kann. Der Schrifttyp ist eine Helvetia kursiv.
Die Kosten für diese Umgestaltung sind insgesamt erstaunlich niedrig. Wenn wir die Drucktechnik ‚Procolour' verwenden, haben wir unter dem Strich 50 % Gewinn, ..." usw.

5. Wenn Sie Ihre Rede elegant beenden wollen, bietet sich ein „Zirkelschluss" an, bei dem Sie wieder zur Motivationssituation enden. Sie verändert sich durch Ihre Lösung. Die negative Ausgangssituation wird durch Ihre Lösung nun befriedigt. Z. B.:
„So haben wir das zurückhaltende Image des Plakats in ein hervortretendes selbstbewusstes Auftreten der Firma umgewandelt! Und unser Kunde hat das, was er will."

Begrüßungs- und Gesellschaftsansprachen vorbereiten (nach Elmar Bartsch)

Sicher war oder wird jeder einmal in die Situation kommen, eine Gruppe von Menschen feierlich begrüßen oder eine kleine Ansprache halten zu müssen. Das kann im familiären oder im beruflichen Rahmen sein. Da solche Ansprachen oft spontan gehalten werden müssen, ist ein Redekonzept nötig, das einfach und jederzeit unvorbereitet anwendbar ist und aus dem Stegreif „funktioniert".

In einer Gesellschaftsansprache geht es im Grunde nicht um Inhalte, sondern um die Beziehung zwischen den Anwesenden. Es geht darum, eine gute Stimmung zu schaffen, die dem Anlass entspricht. Die Zuhörer sollen sich als Gruppe verstehen, die zusammengehört, zumindest während des Anlasses, zu dem sie zusammengekommen sind. Da gemeinsames Lachen dieses Gemeinschaftsgefühl oft fördert, ist es bei dieser Redeart besonders angebracht, wenn der Redner eine „lockere Art" und Humor zeigt.

In den meisten Fällen sind 5 Minuten Redezeit für eine Begrüßungs- und Gesellschaftsansprache vollkommen ausreichend!

KONZEPT BEGRÜSSUNGS- UND GESELLSCHAFTSANSPRACHE
(teilweise nach Elmar Bartsch)

1. Anlass nennen
2. Dank, Ort, Personen
3. Rückblick
4. Ausblick
5. Wunsch

1. Zunächst ist es sinnvoll, unmissverständlich den Anlass der Zusammenkunft zu nennen. Auch wenn vermutlich jeder weiß, wo er sich befindet, so ist es doch wichtig, dies mündlich auszusprechen. Z. B.: *„Liebe Kolleginnen und Kollegen, ich begrüße Sie herzlich zur Eröffnung des jährlichen Meetings „Treffpunkt Pädagogik"*. (Anlass nennen)

2. Jetzt ist der geeignete Zeitpunkt, Details anzusprechen. Es geht um die Arbeit einzelner, die an der Vorbereitung der Veranstaltung beteiligt waren. Diese Helfer im Hintergrund werden hier erwähnt und es wird ihnen im Namen aller Dank ausgesprochen. Außerdem gilt der Grundsatz: Wer erwähnt wird, fühlt sich wohl!
Z. B.: *„Ich begrüße besonders unseren neuen Sponsor Herrn Professor Schlau vom Hochschulrat. Sie haben sich dafür eingesetzt, dass wir unser Treffen auch diesmal hier in den Bergen abhalten können, trotz der strengen Sparmaßnahmen. Ich freue mich, dass wir dieses Jahr zum ersten Mal den großen Saal für unser Meeting nutzen können. Das haben wir der Organisation von Frau Schnell zu verdanken! Wir haben diesmal auch einen Verpflegungsstand eingerichtet, der von der Firma Schleck bedient wird. Als ich vorher am Eingang stand, ist mir aufgefallen, dass so viele junge Leute unter uns sind. Das freut mich, dass unser Meeting auch durch die jungen Generation bereichert wird!"* (Dank, Ort, Personen)

3. Nun kann ein Rückblick in die Vergangenheit folgen. Er erinnert Anwesende, die dabei waren und bindet durch die Informationen auch Neulinge ein. Z. B.: *„Wenn ich an unser erstes Treffen im Jahr 1899 zurückdenke, so fällt mir auf, dass sich die Pädagogik und auch die Pädagogen sehr verändert haben. Damals stand hier Prof. Grau, die jüngeren unter uns kennen ihn vielleicht von Fotos...“* (Rückblick)

4. Es bietet sich nun ein Blick in die Zukunft an. Z. B.: *„Wir werden als Pädagogen in der kommenden Zeit viele neuen Aufgaben zu bewältigen haben. Einige der Workshops gehen besonders darauf ein...“* (Ausblick)

5. Die Abrundung einer Gesellschaftsansprache kann ein Wunsch für das Hier und Jetzt sein. Er bietet die Gelegenheit, die Rede positiv abzuschließen und zum aktiven Teil der Veranstaltung überzuleiten. Z. B.: *„Ich wünsche Ihnen für dieses Meeting allen fruchtbare Erfahrungen und Bekanntschaften...“* (Wunsch)

Eine Rede frei halten

Der größte Fehler, den Sie machen können, ist der, dass Sie Ihre Rede ganz ausformuliert niederschreiben. Die schönste Formulierung wirkt nicht, wenn Sie ausformuliert abgelesen oder auswendig gelernt heruntergeleiert wird. Die kunstvoll konstruierten Gebilde, die sich ein Redner am Schreibtisch ausdenkt, wirken gesprochen meist schwerfällig und gestelzt. So machen Sie Ihren Zuhörern das Leben schwer, und jeder fragt sich, warum er die Rede nicht einfach in schriftlicher Form zugeschickt bekommen kann. Wir wollen als Zuhörer kein „Papier hören" – also keine gelesene Sprache. Was ein Zuhörer will, ist eine wirklich gesprochene Sprache! Dass dabei nicht jeder Satz grammatikalisch korrekt ist, stört in der Regel niemanden. Bei einer Rede geht es ja auch nicht um Grammatik und Stilformen, sondern um lebendige Kommunikation!
Natürlich sind Gedächtnisstützen für die einzelnen Punkte der Rede nicht verboten. Im Gegenteil: Sie sorgen dafür, dass wir nicht vom Thema abschweifen oder nichts Wichtiges vergessen. Dazu ist es hilfreich, dass Sie einen Stichwortzettel erstellen, der Ihnen die wichtigsten Gedankengänge auf einen Blick zeigt!
Schreiben Sie nur wenige Worte auf Ihren Stichwortzettel, und zwar auch Verben, denn die fehlen uns oft, wenn wir frei sprechen sollen.

Dazu wurde von Hellmut Geissner ein geeignetes Prinzip entwickelt. Man könnte diese Art des Stichwortzettels „Treppenzettel" nennen, da es sich um eine treppenförmige Anordnung der Gedanken handelt.

Der Redner behält ständig die Übersicht und kann sich im Moment entscheiden, ob er ausführlich bleibt oder schon zum nächsten Punkt übergehen will.

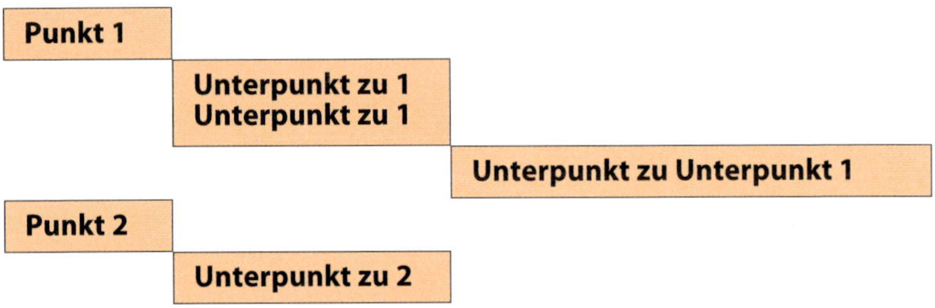

Beispiel: Sachvortrag zum Thema „Schwarzer Tee“

Angebot in Teeläden immer größer – unübersichtlich

klassische Sorten
Modeteesorten

Grüntee
Matetee,
Rotbuschtee,
aromatisierte
Schwarztees...

Wie Angebot beurteilen?

Kriterien
Teequalität
Herkunftsland

Indien
China
Afrika

Die Situation vor Ort checken

Es ist günstig, wenn Sie den Raum, in dem Sie Ihre Rede halten werden, kennen. Wenn dies nicht möglich ist, so lassen Sie sich genaue Beschreibungen geben: Wie groß ist der Raum? Wie ist die Akustik? Wie ist die Beleuchtung? Wird auf einer Bühne gesprochen? usw.
Klären Sie im Vorfeld ab, ob Sie mit oder ohne Mikrofon sprechen werden. Es verändert Ihre sprecherische Vorbereitung. Wenn Sie ohne Mikrofon sprechen, sollten Sie vorher den Raumhall mit Ihrer Stimme austesten und geeignete Stimmübungen vor Ort durchführen. Wenn Sie mit Mikrofon sprechen, sollten Sie rechtzeitig vor Ihrer Rede eine Sprechprobe machen, bei der Ihnen ein Techniker oder Zuhörer Rückmeldung über die Lautstärke und Verständlichkeit gibt.
Überprüfen Sie vor der Rede noch einmal die Zeitvorgabe. Wie lange dürfen Sie für Ihre Rede brauchen, ohne den Rahmen zu sprengen?
Sprechen Sie dann Ihre Rede probeweise einmal laut durch. Stellen Sie

sich vor, zu jemandem zu sprechen – oder noch günstiger: Suchen Sie sich einen vertrauten Zuhörer, der Ihnen Feed-back geben kann.
Achten Sie selbst beim Probesprechen auf Feinheiten in der Stimmführung.
Oft hört man bei frei gesprochenen Reden das Endlosphänomen: Der Redner zieht die Stimme an jedem Satzende nach oben und kommt somit nie zu einem Gedankenabschluss. Der Zuhörer macht diesen Weg mit und wartet ständig, wann der Redner „zum Punkt“ kommt. Das ist natürlich anstrengend und nervig. Irgendwann kann es dazu kommen, dass der Hörer keine Lust mehr hat und sich gedanklich „abseilt“.

Für Sie als Redner bedeutet dies, dass Sie dem Zuhörer immer nur kleine Portionen servieren sollten. Sie müssen sich im Klaren darüber sein, wann ein Gedankengang endet und da sollten Sie auch sprecherisch einen Abschnitt setzen: Stimme senken, Pause.

Diese Anregung ist allerdings nicht als technische Anweisung gedacht! Wichtig ist, dass Sie sich Ihre Natürlichkeit beim Sprechen erhalten. Dazu ist es wieder hilfreich, sich auf die Kommunikation mit dem Publikum zu konzentrieren und „dialogisch“ mit dem Publikum zu sprechen, auch wenn äußerlich nur einer spricht. Machen Sie dazu die Übungen zum auffordernden Sprechen auf Seite 71.

Checkpunkte für das Üben der Rede:

- ✓ Sind die örtlichen Gegebenheiten bekannt?
- ✓ Ist der Stichwortzettel übersichtlich?
- ✓ Sind Stimme und Artikulation vorbereitet?
- ✓ Beim Probesprechen beachten: Gedankengänge auch in der Stimmführung abschließen; aufforderndes Sprechen; Pausen!

Als „Lernzielkontrolle“ dieses Kapitels können Sie den folgenden Text von Kurt Tucholsky durchgehen!

„Ratschläge für einen schlechten Redner“

Fang nie mit dem Anfang an, sondern immer drei Meilen vor dem Anfang! Etwa so: "Meine Damen und Herren! Bevor ich zum Thema des heutigen Abends komme, lassen Sie mich Ihnen kurz ..."
Hier hast Du schon so ziemlich alles, was einen schönen Anfang ausmacht: eine steife Anrede; der Anfang vor dem Anfang: Die Ankündigung, dass und was Du zu sprechen beabsichtigst, und das Wörtchen kurz. So gewinnst Du im Nu die Herzen und die Ohren der Zuhörer.

Denn das hat der Zuhörer gern: dass er Deine Rede wie ein schweres Schulpensum aufbekommt; dass Du mit dem drohst, was Du sagen wirst, sagst und schon gesagt hast. Immer schön umständlich. Sprich nicht frei - das macht einen so unruhigen Eindruck. Am besten ist es: Du liest Deine Rede ab. Das ist sicher, zuverlässig, auch freut es jedermann, wenn der lesende Redner nach jedem viertel Satz hochblickt, ob auch noch alle da sind.

Wenn Du gar nicht hören kannst, was man Dir so freundlich rät, und Du willst durchaus und durchum frei sprechen ... Du Laie! Du lächerlicher Cicero! Nimm Dir doch ein Beispiel an unseren professionellen Rednern, an den Reichstagsabgeordneten - hast Du die schon mal frei sprechen hören? Die schreiben sich sicherlich zu Hause auf, wann sie "Hört! hört!" rufen ... ja, also wenn Du denn frei sprechen musst: Sprich, wie Du schreibst. Und ich weiß, wie Du schreibst. Sprich mit langen, langen Sätzen - solchen, bei denen Du, der Du Dich zu Hause, wo Du ja die Ruhe, deren Du so sehr benötigst, Deiner Kinder ungeachtet, hast, vorbereitest, genau weißt, wie das Ende ist, die Nebensätze schön ineinandergeschachtelt, so dass der Hörer, ungeduldig auf seinem Sitz hin und her träumend, sich in einem Kolleg wähnend, in dem er früher so gern geschlummert hat, auf das Ende solcher Periode wartet ... nun, ich habe Dir eben ein Beispiel gegeben. So musst Du sprechen.

Fang immer bei den alten Römern an und gib stets, wovon Du auch sprichst, die geschichtlichen Hintergründe der Sache. Das ist nicht nur deutsch - das tun alle Brillenmenschen. Ich habe einmal in der Sorbonne einen chinesischen Studenten sprechen hören, der sprach glatt und gut französisch, aber er begann zu allgemeiner Freude so: "Lassen Sie mich Ihnen in aller Kürze die Entwicklungs-

geschichte meiner chinesischen Heimat seit dem Jahre 2000 vor Christi Geburt ..." Er blickte ganz erstaunt auf, weil die Leute so lachten. So musst Du das auch machen. Du hast ganz recht: man versteht es ja sonst nicht, wer kann denn das alles verstehen, ohne die geschichtlichen Hintergründe ... sehr richtig! Die Leute sind doch nicht in Deinen Vortrag gekommen, um lebendiges Leben zu hören, sondern das, was sie auch in den Büchern nachschlagen können ... sehr richtig! Immer gib ihm Historie, immer gib ihm.

Kümmere Dich nicht darum ob die Wellen, die von Dir ins Publikum laufen, auch zurückkommen – das sind Kinkerlitzchen. Sprich unbekümmert um die Wirkung, um die Leute, um die Luft im Saale; immer sprich, mein Guter. Gott wird es Dir lohnen.

Du muss alles in die Nebensätze legen. Sag nie: "Die Steuern sind zu hoch." Das ist zu einfach. Sag: "Ich möchte zu dem, was ich soeben gesagt habe, noch kurz bemerken, dass mir die Steuern bei weitem ..." So heißt das!

Trink den Leuten ab und zu ein Glas Wasser vor - man sieht das gern. Wenn Du einen Witz machst, lach vorher, damit man weiß, wo die Pointe ist. Eine Rede ist, wie könnte es anders sein, ein Monolog. Weil doch nur einer spricht. Du brauchst auch nach vierzehn Tagen öffentlicher Rednerei noch nicht zu wissen, dass eine Rede nicht nur ein Dialog, sondern ein Orchesterstück ist: eine stumme Masse spricht nämlich ununterbrochen mit. Und das musst Du hören. Nein, das brauchst Du nicht zu hören. Sprich nur, lies nur, donnere nur, geschichtele nur. Zu dem, was ich soeben über die Technik der Rede gesagt habe, möchte ich noch kurz bemerken, dass viel Statistik eine Rede immer sehr hebt. Das beruhigt ungemein, und da jeder imstande ist, zehn verschiedene Zahlen mühelos zu behalten, so macht das viel Spaß.

Kündige den Schluss Deiner Rede lange vorher an, damit die Hörer vor Freude nicht einen Schlaganfall bekommen. (Paul Lindau hat einmal einen dieser gefürchteten Hochzeitstoaste so angefangen: "Ich komme zum Schluss.") Kündige den Schluss an, und dann beginne Deine Rede von vorne und rede noch eine halbe Stunde. Dies kann man mehrere Male wiederholen.

Du musst Dir nicht nur eine Disposition machen, Du musst sie den Leuten auch vortragen, das würzt die Rede. Sprich nie unter anderthalb Stunden, sonst lohnt es gar nicht erst anzufangen. Wenn einer spricht, müssen die andern zuhören – das ist Deine Gelegenheit. Missbrauche sie.

KOMMUNIKATIONSTRAINING FÜR AUSGEWÄHLTE SPRECHBERUFE

Sprechen in pädagogischen Berufen

Die Stimme im Unterricht

Ihre Stimme trägt viel zur Qualität Ihres Unterrichts bei. Als Lehrer z. B. haben Sie einen klassischen Sprechberuf. Es ist nicht erstaunlich, dass viele LehrerInnen durch die enorme Belastung im Beruf mit der Zeit Stimmstörungen bekommen und in logopädische Behandlung geschickt werden müssen. Gerade deshalb ist es unerlässlich, dass Sie sich mit Ihrer Stimme auseinander setzen und immer wieder überprüfen, ob Sie Ihr Organ angemessen gebrauchen. Stellen Sie sich deshalb folgende Fragen und lesen Sie die Antworten erst danach. Wie Sie die Fragen beantwortet haben, zeigt, wie belastbar Ihr Stimmorgan und wie gut Ihre Sprechtechnik ist.

1. Muss ich mich beim Unterrichten oft räuspern oder bemerke ich ein störendes Kratzen im Hals? Fühle ich mich nach einem Unterrichtstag stimmlich müde oder bin ich abends sogar heiser?

➡ Wenn Sie diese Fragen mit Nein beantwortet haben, gebrauchen Sie Ihre Stimmorgan wahrscheinlich auf gesunde Weise.

➡ Wenn Sie diese Fragen mit Ja beantwortet haben, kann es sein, dass Sie eine Halsentzündung oder Allergie haben (organische Störung), oder die Stimmbänder auf falsche Weise benutzen (funktionelle Störung). In diesen Fällen sollten Sie zu einem HNO-Arzt oder Phoniater gehen, um die Ursache zu klären.

2. Habe ich oft das Gefühl, zu wenig oder zu viel Luft beim Sprechen zu haben? Muss ich nach Luft schnappen?

➡ Wenn Sie diese Fragen mit Nein beantwortet haben, ist Ihre Sprechatmung wahrscheinlich unauffällig und natürlich.

➡ Wenn Sie diese Fragen mit Ja beantwortet haben, sollten Sie an der Koordination von Atmung und Artikulation arbeiten (siehe Kapitel „Deutlich artikulieren").

3. Fällt es mir leicht, im Freien (z.B. auf dem Gang, in der Turnhalle oder auf dem Schulhof) jemanden zu rufen?

➡ Je leichter es Ihnen fällt, im Freien zu rufen, desto deutlicher ist Ihre Artikulation bzw. desto tragfähiger und kräftiger ist Ihre Stimme (siehe Kapitel „Volumen in der Stimme oder Sprechen ohne Anstrengung").

4. Verändern ich meine Stimmlage, wenn ich zu Kindern sprechen?

➡ Wenn Ihre Stimmlage nicht höher wird, wenn Sie zu Kindern sprechen, kann das ein Zeichen dafür sein, dass Ihre Stimmlage angemessen ist. Wenn Sie dagegen mit Kindern deutlich höher, als mit Erwachsenen sprechen, ist das für Ihre Stimme ungesund (siehe Kapitel „Volumen in der Stimme oder Sprechen ohne Anstrengung").

Ein wichtiger Faktor, der Ihre Stimme beeinflusst, ist die Raumakustik: Im Klassenzimmer herrscht oft Unterakustik (= „trockene Akustik", wenig Hall kommt zurück). Dies ist besonders der Fall, wenn sich Vorhänge, Kleidungsstücke oder gar gepolsterte Sessel im Klassenzimmer befinden.

➡ Hören Sie sich selbst dann besonders bewusst beim Sprechen zu, um eine Überanstrengung zu vermeiden.

➡ Achten Sie auch darauf, für Ruhe zu sorgen, bevor Sie sprechen.

- ➡ Suchen Sie sich einen Punkt an der hinteren Klassenzimmerwand (z. B. ein Plakat). Bis dorthin muss Ihr Sprechen reichen. Versuchen Sie also immer den ganzen Raum zu beschallen.

Eine besondere Herausforderung ist das **Rufen**. Beim Rufen ist die Einstellung zur Situation entscheidend für Ihre Stimmkraft: Wenn Sie Hintergrundlärm (z. B. Stimmengewirr im Turnsaal, auf dem Pausenhof...) als Störung empfinden, gegen die Ihre Stimme ankämpfen muss, haben Sie schon verloren. Denn dann passiert Folgendes: Sie verhärten Ihre Stimmlippen und überbeanspruchen sie dadurch. Der Stimmklang wird hart oder schrill, aber nicht tragfähig. In der veränderten Einstellung zum Geräuschpegel liegt der Schlüssel zu einer tragfähigen, kräftigen Stimme!

- ➡ Hören Sie dem „Lärm“ einmal bewusst zu.
- ➡ Versuchen Sie einzelne Stimmen oder Geräusche herauszuhören.
- ➡ Nehmen Sie dann den Geräuschpegel als Ganzes wahr.
- ➡ Benutzen Sie nun das Stimmengewirr als Hintergrundgeräusch, sozusagen als Begleitung zu Ihrem Stimmeinsatz, so wie ein Gesangssolist zur Begleitung eines Orchesters singt und seine Stimme darüber setzt.
- ➡ Bereiten Sie sich auf Ihren Einsatz vor: Nehmen Sie eine offene, aufgerichtete Haltung ein, achten Sie auf gute Kieferöffnung, weiten Sie Ihre Kehle und sprechen oder rufen Sie dann ganz deutlich und bewusst zu Ihrem Gesprächspartner.

Stimmliche und körperliche Präsenz

Präsenz ist ein häufig verwendeter Begriff. Doch wie kann man präsentes Sprechen und Auftreten genauer beschreiben? Versetzen Sie sich dazu in die folgende Situation: Sie fühlen sich wach und aufnahmefähig. Sie bemerken, was in Ihrer Umwelt vor sich geht. Ihre Sinne sind angeregt. Sie haben das Gefühl, einen großen Raum zu überschauen. Sie können auf Veränderungen schnell reagieren. Ihre Stimme ist einsatzbereit, tragfähig und voll.
Aus der Sicht der Sie umgebenden Menschen wird Ihre Präsenz folgendermaßen wahrgenommen: Sie werden bemerkt. Sie haben eine körperliche Ausstrahlung. Es erscheint so, dass Sie viel Raum einnehmen. Man merkt, dass Sie den Überblick behalten und jederzeit ansprechbar sind. Ihre Stimme wird wahrgenommen, egal ob Sie laut oder leise sprechen. Man hört Ihnen gespannt zu.

Dieses körperliche Phänomen hat mit der Fähigkeit zu tun, über seine Körpergrenzen hinauszuspüren und den so genannten „Körperumraum" zu erweitern (nach Volkmar Glaser auch „die Erweiterung des Körperschemas" genannt). Das bedeutet, dass Sie sich groß fühlen und ein Gefühl vom Raum haben, der sie umgibt – und zwar der Raum vor Ihnen, neben Ihnen, über Ihnen und hinter Ihnen. Es ist, als ob die Aufmerksamkeit nach allen Seiten aufgespannt wäre, wie ein Schirm. Wenn wir bei diesem Bild bleiben, so ist Ihr Körper der Stil des Schirms und Ihr Körperumraum, den Sie wahrnehmen können, der aufgespannte Stoff, der vom Stil ausgeht. In Sprechpausen ist dies besonders deutlich zu spüren: Bei guten Sprechern bleibt eine Pause doch gefüllt und man wartet mit Spannung auf das nächste Wort. Halten Sie also in Momenten der Stille Ihre Körpergrundspannung aufrecht und schlaffen Sie nicht ab. Ihr „Schirm" muss aufgespannt bleiben; er darf nicht zuklappen, wenn Sie eine Pause machen.

Wie aber können wir diesen Körperumraum im Alltag bewusst nutzen? Hier geht es wieder darum, die Sinne zu schärfen und unsere Wahrnehmungsfähigkeit voll auszuschöpfen. Oft haben wir im Stress des Alltags den Kopf so voll, dass der Körper zu kurz kommt und seine Sinne gar nicht benutzen kann. Doch diese Fähigkeit können wir trainieren. Dazu üben wir mit Vorstellungsbildern.

Übung zur Erweiterung des Körperumraumes

- Stellen Sie sich in die Mitte des Raumes und versuchen Sie von dort mit den Armen die erreichbare Luft um Sie herum zu greifen: Fassen Sie also mit den Händen weit vor sich, hinter sich und über sich, ohne Ihren Standort zu verändern. Machen Sie diese „Gymnastik" ungefähr eine Minute lang. Wichtig ist, dass Sie wirklich etwas berühren wollen von der Luft, die Sie umgibt.

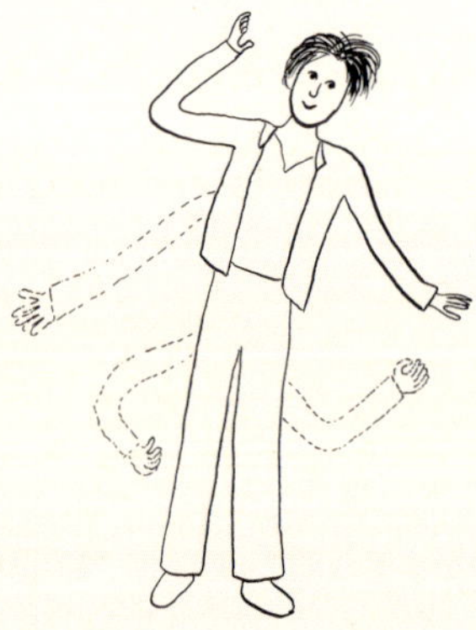

Nun lassen Sie die Armbewegung weg und stellen sich Folgendes vor: Sie haben überall am Körper Arme, mit denen Sie in alle Richtungen gleichzeitig greifen können.
Versuchen Sie sich genau vorzustellen, wie sich das anfühlen würde. Merken Sie sich nun dieses Grundgefühl und die Wachheit nach außen, die entsteht.

Wenn Sie als LehrerIn diese Fähigkeit, den Umraum zu erweitern, nutzen, gewinnen Sie an „körperlicher Autorität". Dies fördert auch die Kommunikation zwischen LehrerIn und SchülerInnen, denn wenn Sie präsent sind, erleichtern Sie auch den SchülerInnen die Aufmerksamkeit und Konzentration. Wenn Sie Pausen bewusst einsetzen und wirken lassen, schafft das oft mehr Präsenz als viele gesprochene Sätze. Sie geben den SchülerInnen dadurch die Gelegenheit, Gesagtes zu verarbeiten und durch stille Momente konzentriert zu bleiben. Denn Körperspannungen übertragen sich, wenn eine Gruppe von Menschen im selben Raum ist. Ihre Körperspannung beeinflusst also die der SchülerInnen und umgekehrt. Die Atmosphäre im Raum ist immer abhängig von der körperlichen Verfassung von SchülerInnen und LehrerInnen. Stellen Sie sich zum Thema Präsenz nun folgende Fragen zu Ihrer Alltagssituation:

1. Wie ist meine Haltung beim Unterrichten, wenn ich stehe oder sitze?
   ➡ Je offener und aufgerichteter Ihre Haltung ist, desto präsenter wirken Sie.
2. Welchen Platz im Klassenzimmer bevorzuge ich? Wo fühle ich mich wohl und wo unwohl?
   ➡ Wenn Sie einen zentralen Platz in der Klasse bevorzugen (z.B. vor der Tafel), werden Sie von den SchülerInnen als präsent wahrgenommen. Umgekehrt können auch Sie von diesem zentralen Platz aus jeden Einzelnen wahrnehmen. Je bewusster Sie Ihre Position wählen, desto präsenter sind Sie.
3. Wie verhalten sich die SchülerInnen, wenn ich mich zur Tafel drehe: Wird es unruhiger in der Klasse oder bleibt es ruhig und konzentriert?
   ➡ Je ruhiger und konzentrierter die Klasse ist, wenn Sie sich zur Tafel drehen, desto präsenter sind Sie. Es ist ein Zeichen dafür, dass Sie immer als anwe-

send wahrgenommen werden, egal ob Sie der Klasse Ihr Gesicht oder Ihren Rücken zeigen.

Die folgenden Übungen können Sie direkt vor Ort in der Schule durchführen:

Übungen zur Präsenz vor der Klasse

- Schreiten Sie durch den leeren Klassenraum und versuchen Sie sich alle Gegenstände einzuprägen. Machen Sie den Test, indem Sie sich ab und zu fragen, was sich alles hinter Ihnen befindet.
- Nehmen Sie die Decke über sich wahr, spüren Sie die Distanz zu den Wänden. Bemerken Sie die Raumgrenzen und versuchen Sie sich innerhalb dieser Grenzen körperlich „auszubreiten". Fühlen Sie sich groß!
- Stellen Sie sich so vor die SchülerInnen, dass Sie zu jedem ein Seil spannen könnten. Die Enden der Seile laufen in ihren Händen zusammen.

- Stellen Sie sich vor, dass Sie einen großen Reifen um alle SchülerInnen legen, indem Sie auch selbst stehen.

Ein weiterer Faktor für stimmliche und körperliche Präsenz ist der **Blick**. Je genauer Sie Ihr Blickverhalten einsetzen, desto eindeutiger kommunizieren Sie körperlich und stimmlich.
Unterscheiden Sie deshalb durch den Blick verschiedene Aufmerksamkeitsräume!

Entscheiden Sie bewusst: Spreche ich nur mit einem Schüler/einer Schülerin?

➡ Der Blick ist dann klar gerichtet. Die Stimme wird nur zu einer Person gesendet.
  Spreche ich mit einem Schüler und die anderen hören zu?

➡ Der Blick ist „geöffnet“ und gleichzeitig auf eine Person konzentriert. Die Stimme wird zu einer Person gesendet und ist gleichzeitig für alle hörbar.

Spreche ich zur ganzen Klasse?

➡ Der Blick ist ganz „geöffnet“. Die Stimme ist an alle im Raum gerichtet. Die SchülerInnen werden von Ihnen optisch „gruppiert“. D. h., Sie schauen immer wieder einzelne SchülerInnen in verschiedenen Richtungen an.

Durch den Blick verändert sich die ganze Körperspannung und somit die Stimmspannung. Sicher haben Sie schon erlebt, dass es mühsamer ist zu sprechen, wenn man die Augen vor Müdigkeit kaum aufmachen kann, als wenn man aktiv schaut. Die folgenden Übungen trainieren einen wachen Blick.

Übungen zum Blickverhalten

- Schließen Sie die Augen. Ruhen Sie einige Zeit mit geschlossenen Augen. Wenn Sie die Augen öffnen, dann schauen Sie ganz „neu“ und bewusst.

- Schließen Sie die Augen und wenden Sie sich in eine beliebige Richtung. Überlegen Sie, was Sie sehen werden, wenn Sie die Augen öffnen. Öffnen Sie dann die Augen ganz bewusst.

- Sprechen Sie mit geschlossenen Augen einen Satz. Sprechen Sie den gleichen Satz mit geöffneten Augen auf ein Ziel hin. Nehmen Sie Unterschiede in der Stimmpräsenz wahr.

- Denken Sie bewusst das Wort „jetzt“, bevor Sie zu sprechen beginnen.

Und hier noch ein Tipp: Wenn Sie es mit eher passiven Schülern zu tun haben, dann achten Sie auch darauf, durch Ihr Blickverhalten mit den

Schülern zu kommunizieren und den Blickkontakt von den Schülern direkt einzufordern. Reagieren Sie auf die Mimik der Schüler. Wenn Sie jemand mit hängendem Gesicht anschaut, dann schauen Sie einmal bewusst so zurück. Damit beziehen Sie die Schüler aktiv mit ein und wehren sich gegen eine Konsumhaltung und Passivität. (siehe aufforderndes Sprechen S. 71) Reagieren Sie also wie im normalen Gespräch! Sprechen Sie die Schüler an, wenn sie offenbar mit dem Blick und den Gedanken wo anders sind. Sie fördern dadurch die Konzentration und geben die Verantwortung für das Unterrichtsgeschehen auch an die Schüler weiter. Sprechen Sie „rückfragend". Halten Sie keine Monologe, sondern laden Sie durch ihren Sprechstil zum Mitdenken ein!

Schnellcheck vor dem Unterricht (Dauer ca. 5 Minuten)

✓ **Gähnen**
Gähnen Sie laut und genüsslich. (siehe S. 19)

✓ **Mund aufwecken**
Aktivieren Sie Ihre Zunge und Ihre Lippen. (siehe S. 32)

✓ **Sinne aktivieren**
Nehmen Sie sich Zeit, für einen Moment Ihre Konzentration nur auf jeweils einen Sinn zu lenken. Fühlen, hören, riechen und sehen Sie nacheinander, was es im Moment Neues gibt.

✓ **Raumhall wahrnehmen**
Sprechen Sie ein paar spontane Sätze bewusst und hören Sie den Widerhall von den Wänden.

Wenn Sie im Unterricht oft vorlesen oder diktieren, dann beachten Sie die Regeln auf Seite 101.

Sprechen in kirchlichen Berufen

Als PfarrerIn, Diakon, PastoralassistentIn oder LektorIn sind Sie zum Teil sehr unterschiedlichen Sprechsituationen ausgesetzt: Sie lesen Bibeltexte im Gottesdienst; Sie sprechen frei zur Gemeinde in der Predigt; Sie sprechen Gebete zusammen mit der Gemeinde; Sie halten Ansprachen bei Feiern im Pfarrsaal; Sie sprechen im Freien bei Open-air-Veranstaltungen sowie bei Beerdigungen. Und nicht zuletzt führen Sie Einzelgespräche mit Gemeindemitgliedern, z. B. im Seelsorgegespräch.
Jede dieser unterschiedlichen Situationen braucht eine angemessene Art des Sprechens, die für Sprecher und Gemeinde als stimmig empfunden wird. Um all diesen Sprechanforderungen gerecht zu werden, brauchen Sie als Sprecher ein Training, dass sich zunächst mit den räumlichen Gegebenheiten genauer auseinander setzt.

Wie wirkt Ihre Stimme in unterschiedlichen Räumen?

Wir analysieren dazu die unterschiedlichen akustischen Verhältnisse in der jeweiligen Situation:
Beim *Sprechen im Kirchenraum* ist vor allem die lange Nachhallzeit zu beachten. Für die Orgel ist das optimal. Für das Sprechen kann die lange Nachhallzeit zu einem Problem werden: Ihr „normales" Sprechtempo können Sie nicht beibehalten, da sich die Vokale vermischen würden.

➡ Reduzieren Sie deshalb Ihr Sprechtempo stark und machen Sie viele Pausen, um dem Nachhall gerecht zu werden. Nur so kann jedes Wort verstanden werden. Versuchen Sie trotzdem in den Pausen, die Grundspannung zu halten und kein „müdes" Sprechen entstehen zu lassen!

Wenn Sie ohne Mikrofon sprechen, brauchen Sie eine gewisse Grundlautstärke, um den ganzen Kirchenraum mit Ihrer Stimme auszufüllen. Bedenken Sie einmal, wie viel mehr Raumvolumen Sie ausfüllen müssen als z. B. in Ihrem Wohnzimmer.

➡ Sprechen Sie deshalb „raumfüllend". (Übungen dazu finden Sie im Kapitel „Volumen in der Stimme oder Sprechen ohne Anstrengung")

Ein weiterer Punkt ist die Deutlichkeit. Da sich die Sprechlaute in einer Kirche schnell zerstreuen, klingt das Sprechen oft verwaschen. Gerade für schwerhörige Gemeindemitglieder bedeutet das, dass sie nur „Brocken" verstehen, die sie sich zu einem mehr oder weniger sinnvollen Ganzen zusammenreimen müssen. Deshalb ist eine scharfe Silbentrennung notwendig.

➡ Benutzen Sie dazu Ihre Artikulationsorgane und formen Sie jedes einzelne Wort deutlich aus. Artikulationsübungen finden Sie auf Seite 30ff.

Um Einseitigkeit und Gewohnheiten im Blickwinkel zu vermeiden, tut es gut, ab und zu die Sprechpositionen in der Kirche zu wechseln, z. B. näher an die Gemeinde heranzutreten. Natürlich ändert sich dabei wieder die Stimmwirkung im Raum.

Beim *Sprechen im Freien* hat die Stimme keine Wände, um zurückzuhallen. Deshalb ist es oft so, dass Stimmen im Freien „verpuffen" und kraftlos und leise klingen.
Sie müssen sich deshalb als Sprecher selbst fiktive Raumgrenzen vorstellen, bis zu denen die Stimme reichen soll.

➡ Ziehen Sie einen imaginären Kreis um Ihre Zuhörer. Stellen Sie sich vor, dass Sie alle zusammen unter einer Kuppel stehen (Sie selbst eingeschlossen).

Im Freien muss die Sprechrichtung genau beachtet werden, damit die Stimme merkt, bis wohin sie reichen muss. Bei Beerdigungen wird oft der Fehler gemacht, dass der Sprecher in Richtung Sarg spricht und die Angehörigen gleichsam ausschließt.

➡ Richten Sie Ihre Stimme also genau aus und sprechen Sie „sendend" auf die Leute zu.

➡ Nehmen Sie Blickkontakt auf und kontrollieren Sie an den mimischen Reaktionen, ob man Sie verstehen kann.

Beim *Sprechen zu einem Gesprächspartner* herrschen wieder „gewöhnliche" Bedingungen. Sie können in Zimmerlautstärke sprechen und müs-

sen nicht überartikulieren. Gerade diese Umstellung wird aber oft vergessen und ein „salbungsvoller Ton“ mit überlangen Sprechpausen bleibt auch im Zweiergespräch.
Stellen Sie sich deshalb akustisch immer wieder neu auf Ihr Gegenüber ein.

Zusammenfassung: Wie kann ich beim Sprechen dem Raum gerecht werden?

Anpassung an den Raum durch sprecherische Veränderungen	**im Kirchenraum**	**im Freien**
Tempo	langsam sprechen	langsam sprechen
Pausen	viele Pausen (nach jedem Sinnschritt)	gelegentliche Pausen (nach inhaltlichen Blöcken)
Lautstärke	gute Grundlautstärke, die vom Hall und vom Mikrofon verstärkt wird	große Lautstärke – lockere Rufstimme
Artikulation	deutlich artikulieren und warten, bis Laute im Raum verhallt sind	scharf artikulieren und Konsonanten hervorheben
Blickkontakt	zwischen gezieltem Blickkontakt und raumüberschauendem Panoramablick wechseln	zwischen gezieltem Blickkontakt und großem Blick zu fiktiver Grenze wechseln
Körpersprache	große Gesten zulassen	große Gesten zulassen

Übungen zur Raumakustik

- Gehen Sie gelegentlich durch den leeren Kirchenraum und nehmen Sie in einer hinteren Bank Platz. Merken Sie sich die Perspektive des Gemeindemitglieds, auf dessen Platz Sie sitzen.
  Stellen Sie sich dann an Ihren Sprechplatz und suchen Sie von dort aus den Platz, auf dem Sie gerade saßen. Richten Sie nun ein paar Worte in diese Richtung.

- Prägen Sie sich die Größe des Raumes genau ein. Schließen Sie dann die Augen und schätzen sie den Abstand zur Wand – zur Decke – zur Eingangstür. Diesen Raum müssen Sie beim Gottesdienst mit Stimme und Persönlichkeit füllen.

- Nehmen Sie sich einen kurzen Lesungstext und wandern Sie mit diesem Text wirklich von Ort zu Ort: Sprechen Sie den Text nacheinander zunächst in Ihrem Arbeitszimmer, danach in der Kirche, dann in der Kapelle und schließlich im Freien. Versuchen Sie danach, die Unterschiede zu notieren: „Was hat mich angestrengt? Was ist mir leicht gefallen? Wo habe ich meine Stimme am deutlichsten wahrgenommen?“

- Suchen Sie sich immer wieder „kritische“ Hörer, die Ihnen nach dem Gottesdienst ehrlich rückmelden, ob Sie verständlich waren und wie Ihre Worte ankamen.

Vorlesen

Lesen haben wir alle in der Schule gelernt. Allerdings hat dieses buchstabierende Lesen zunächst nicht viel mit der Vermittlung von Inhalten zu tun. Dazu braucht es mehr, als nur zu erkennen, um welches Wort es sich gerade handelt und wie man es ausspricht. Wir müssen also als Erwachsene das Vorlesen oft noch einmal lernen, damit es natürlich wirkt und unsere Zuhörer wirklich anspricht! (Siehe auch Kapitel: „Lebendig Erzählen“)
Die Schwierigkeit beim Lesen ist die, dass wir die gedruckten Buchstabenzeichen eines Textes wieder in unsere natürliche Sprechform zurückverwandeln müssen. Wie schwierig das ist, können Sie selbst bemerken,

wenn Ihnen jemand etwas schlecht vorliest: Sie können dann schwer folgen - Sie werden unkonzentriert - Sie können den künstlichen Leseton nicht ernst nehmen...
Aber was heißt „gut vorlesen?“
Hören Sie dazu die Lesebeispiele auf der CD Track 43–46 . Beurteilen Sie selbst, wann Sie gut zuhören können und wann nicht. An welchen Stellen entstehen innere Bilder? An welchen Stellen ist ein typischer Leseton hörbar?
Bei einem zu lesenden Text hilft es dem Hörer, wenn der Sprecher die Worte des Textes „zu seinen eigenen macht“. So kann ein verständliches, glaubwürdiges, ja authentisches Sprechen erreicht werden. Und das, auch wenn der Text nicht vom Sprecher selbst geschrieben wurde.
Es geht also nicht um einen „verkündenden“, sondern um einen erzählerischen Ton, der am natürlichen Sprechen orientiert ist.
Dazu ist es selbstverständlich notwendig, dass der Sprecher den Text kennt. Für den Lektorendienst bedeutet das, dass der Lektor/die Lektorin sich schon im Vorfeld informiert, welcher Lesungstext gesprochen werden soll.
Zur Vorbereitung einer Lesung können Sie Ihren Text nach Betonungen und Pausen strukturieren. Aber Vorsicht: Satzzeichen sind nicht immer verlässliche Sprechanweisungen. Oft sind die Texte durch eingerückte Zeilen ansatzweise für das Sprechen „vorstrukturiert“. Das reicht aber nicht aus, um sinngestaltetes Sprechen zu erreichen.
Deshalb ein paar grundlegende Regeln, die Sie in der Spontansprache, ohne darüber nachzudenken, meist ohnehin praktizieren:

Richtig betonen: CD Track 47–53

- **Die Betonung hängt immer vom Kontext ab!**

- **Betonen Sie in kurzen Satzeinheiten nur ein Wort stark; und zwar das wichtigste bzw. neue!**
Sind wir aber **Kinder**, *dann auch* **Erben**; *wir sind Erben* **Gottes** *und sind Miterben* **Christi**, *wenn wir mit ihm* **leiden**, *um mit ihm auch* **verherrlicht** *zu werden.*
*(**Beispiel für zu viele Betonungen:** Sind* **wir** *aber* **Kinder**, **dann** *auch* **Erben**; *wir sind Erben* **Gottes** *und sind* **Miterben Christi**, *wenn wir mit* **ihm leiden**, *um mit* **ihm** *auch* **verherrlicht** *zu werden.) (Röm 8, 17)*

- **Oft befindet sich das wichtigste Wort am Ende des Satzes bzw. Halbsatzes!**
  Im Anfang war das **Wort**, *und das Wort war bei* **Gott**, *... (Joh 1,1)*
  Jesus ging mit seinen Jüngern **hinaus**, *auf die andere Seite des Baches* **Kidron**. *Dort war ein* **Garten**; *in den ging er mit seinen Jüngern* **hinein**. *(Joh 18,1)*

- **In Reihungen wird das letzte Wort betont!**
  ... und sie kamen dorthin mit Fackeln, Laternen und **Waffen**. *(Joh 18,3)*

- **Vorsicht bei „kleinen Wörtern" (Adjektive, Verneinungen, Präpositionen...); sie werden nur selten betont!**
  Kauft Getreide, und esst, kommt und kauft ohne **Geld**, *kauft Wein und Milch ohne* **Bezahlung**!
  (***unlogisch für den Zuhörer wäre***: *Kauft Getreide, und esst, kommt und kauft* **ohne** *Geld, kauft Wein und Milch* **ohne** *Bezahlung!)*
  (Jes 55, 1)

- **Versuchen Sie die betonten Wörter nicht höher zu sprechen, sondern nur lauter!**
  M e i n e Gedanken sind nicht e u r e Gedanken, und e u r e Wege sind nicht m e i n e Wege...

  (**Also nicht**: *M^ei ne Gedanken sind nicht ^eu re Gedanken, und ^eu re Wege sind nicht m^ei ne Wege...)* (Jes 55, 8)

- **Die Stimme wird am Ende von Fragen meistens gesenkt!**

  Wer ist das, dass er sogar ^Sün den vergibt?

  (**Also nicht**: *Wer ist das, dass er sogar Sünden ver^gibt?)(Lk 7,49)*

Pausen setzen

CD Track 54–56

- **Machen Sie nach jedem Sinngedanken eine Pause. (Die Stimme muss dabei nicht immer ganz absinken.)**

- **Vorsicht: Ein Komma gibt keine verlässliche Anweisung für eine Pause!**
  Gott, der Herr, hat mir das Ohr geöffnet. (Jes 50,5)
  Als es Tag wurde, versammelten sich die Ältesten des Volkes... (Lk 22,66)
  Die beiden machten sich auf den Weg und fanden alles so, wie er es ihnen gesagt hatte. Als sie den jungen Esel losbanden, sagten die Leute, denen er gehörte:... (Lk 19,32,33)
  *(**in dem Fall wären folgende Pausen unnötig**: Gott, V der Herr, V hat mir das Ohr geöffnet.*
  Als es Tag wurde, V versammelten sich die Ältesten des Volkes...)

- **Bei der Einleitung zur wörtlichen Rede ist keine Pause nötig.**
  Plötzlich kam ihnen Jesus entgegen und sagte: Seid gegrüßt! (Mt, 28,9)
  Und wenn euch jemand fragt: Warum bindet ihr ihn los?, dann antwortet: Der Herr braucht ihn. (Lk 19, 31)
  *(**Also nicht**: Plötzlich kam ihnen Jesus entgegen und sagte: V Seid gegrüßt!*
  Und wenn euch jemand fragt: V Warum bindet ihr ihn los?, dann antwortet: V Der Herr braucht ihn.)

Gehen Sie den folgenden Text laut durch und achten Sie dabei auf sinnvolle Betonung und Pausen:

Ein Geldverleiher hatte zwei Schuldner; der eine war ihm fünfhundert Denare schuldig, der andere fünfzig. Als sie ihre Schulden nicht bezahlen konnten, erließ er sie beiden. Wer von ihnen wird ihn nun mehr lieben? Simon antwortete: Ich nehme an, der, dem er mehr erlassen hat. Jesus sagte zu ihm: Du hast Recht.

Ein Vorschlag zu Betonung und Pausen: CD Track 58 Sprechbeispiel

Ein Geldverleiher hatte zwei **Schuldner**; V *der eine war ihm* **fünfhundert** *Denare schuldig, der andere* **fünfzig**. V*Als sie ihre Schulden nicht* **bezahlen** *konnten, erließ er sie* **beiden**. V *Wer von ihnen wird ihn nun* **mehr** *lieben? Simon antwortete: Ich nehme an, der, dem er mehr* **erlassen** *hat.* V *Jesus sagte zu ihm: Du hast* **Recht**. *(Lk 7, 41-43)*

Wichtig ist, dass Sie bei all der Konzentration auf die Betonung nicht Ihre Natürlichkeit beim Sprechen verlieren - im Gegenteil, die Betonungsregeln sollen helfen, dass Gelesenes natürlich und nicht geleiert klingt.
Im Folgenden finden Sie Übungen, die Ihre persönliche Auseinandersetzung mit einem Text fördern:

Übungen zum natürlichen Vorlesen

- Erzählen Sie einen Evangeliumstext im Dialekt nach.
- Transferieren Sie die Geschichte, so gut es geht, in die heutige Zeit. Verwenden Sie dabei „Jugendsprache“.
- Stellen Sie sich die Situation des Textes genau vor und sprechen Sie nur die Passagen in wörtlicher Rede. Verändern Sie die Stimmen der Personen leicht.
- Lesen Sie einen Lesungstext oder Evangeliumstext und sprechen Sie dazwischen selbst erfundene Erklärungen und Kommentare für die Zuhörer: „ Petrus war ja auch derjenige, der Jesus verleugnet hat...“, „Das ist schon eine merkwürdige Geschichte...“

Textgestaltung

Wir können bei Lesungstexten und Evangeliumstexten verschiedene Textarten unterscheiden. Diese einzelnen „Gattungen“ haben auch Auswirkung auf das Sprechen. So wie es ein Unterschied ist, ob Sie einen Zeitungsausschnitt vorlesen oder ein Märchen, so können Sie auch die Bibeltexte mehr oder weniger angemessen gestalten.

Im Großen und Ganzen können folgende Textgattungen im kirchlichen Bereich unterschieden werden:

Es gibt
- informative Texte (z. B. kirchengeschichtliche Informationen zu Lesungstexten, aktuelle Ankündigungen)
- Briefe (z. B. Apostelbriefe)
- bildhaft beschreibende Texte (z. B. Gleichnisse)
- erzählende Texte (z. B. Wundergeschichten)
- expressive Texte (z. B. Psalmen)
- Gebete (z. B. Fürbitten und Lobpreisungen)

Für den Sprecher bieten sich folgende Differenzierungen im Ausdruck an:

bei informativen Texten
➡ Der Sprecher informiert die Gemeinde sachlich, freundlich und direkt (auf Blickkontakt achten!)

bei Briefen
➡ Der Sprecher liest den Brief an die Gemeinde adressiert! Er selbst tritt an die Stelle des Briefschreibers.

bei reflektierend beschreibenden Texten
➡ Der Sprecher reflektiert im Moment des Lesens selbst mit!

bei erzählenden Texten
➡ Der Sprecher erzählt die Geschichte, die er vor seinem inneren Auge sieht, sich selbst und der Gemeinde!

bei expressiven Texten
➡ Der Sprecher lässt sich ehrlich auf die Emotion ein oder liest mit einer gewissen Distanz, um nicht übertrieben zu wirken!

bei Gebeten
➡ Der Sprecher spricht im Namen der Gemeinde zu Gott (langsam sprechen, damit die Gemeinde das Gebet mitvollziehen kann)

Dialogisches Sprechen

Es geht dabei um einen fiktiven Dialog mit der Gemeinde. Das „Gesprächhafte“ beim Lesen drückt sich auch im Blickkontakt aus. Schon am Anfang einer Lesung haben Sie dazu Gelegenheit: „Aus dem Brief des... Schwestern und Brüder...“. Schauen Sie Ihre Ansprechpartner direkt an! In den Sprechpausen kann der Zuhörer innerlich seinen Kommentar abgeben, seinen Gedanken freien Lauf lassen und still mitreden. Wenn ihm dieses Recht entzogen wird, handelt es sich um monologisches Sprechen. Geben Sie also Ihrem Zuhörer die Gelegenheit, sich ständig „einzuschalten“! Sie erkennen das an mimischen Reaktionen, ob jemand „dabei“ ist oder nicht. Diese müssen allerdings gepflegt werden. Denn oft lassen die Zuhörer Ihre Reaktionen gar nicht nach außen dringen. Also müssen Sie Ihre Gemeinde dazu auffordern. Und das geht ganz einfach durch Blickkontakt. Wenn ein Gemeindemitglied merkt, dass es wirklich gemeint ist und dass ein Blick wirklich ihm gegolten hat, dann ist es aktiver am Geschehen beteiligt. Es empfiehlt sich, vom einzelnen zum großräumigen Blickkontakt zu wechseln. So fühlt sich sowohl der Einzelne als auch die Gemeinde im Ganzen angesprochen. Unterscheiden Sie also zwischen Einzelkontakt und umfassendem Kontakt (=Panoramablick). Probieren Sie es aus!
Das Prinzip des dialogischen Sprechens äußert sich auch in der Art des Formulierens. Sie können eine Aufforderung persönlich oder unpersönlich formulieren. Je nach dem fühlt sich der Zuhörer angesprochen oder nicht. Vergleichen Sie:
„Ich bitte nun die Kinder zum Altar zu kommen...“
oder: „Kinder, kommt jetzt zu mir herauf zum Altar...“
Die direkte Anrede im Gottesdienst ist natürlich persönlicher!
Dies gilt z. B. auch für Ankündigungen:
„Es wird gebeten, an die Sammlung am nächsten Sonntag zu denken.“
besser: „Bitte denken Sie an die Sammlung am nächsten Sonntag.“
Ebenso sollten Sie Fragen in der Predigt direkt stellen! Nur so kann der Zuhörer innerlich nach einer Antwort suchen und mitdenken. Z. B.: „Was ist uns denn eigentlich wichtig im Leben?“ und nicht: „Und wir fragen uns manchmal, was uns eigentlich wichtig ist im Leben.“

Das dialogische Prinzip ist schließlich auch beim Aufbau einer Ansprache oder Predigt entscheidend dafür, ob Ihre Worte ankommen oder nicht. Lesen Sie dazu im Kapitel „Vorträge halten“.

Übungen zum dialogischen Sprechen

- Üben Sie eine Ansprache laut und fügen Sie an jeden Satz einen „Kontaktspruch“ an, wie z. B.: „....oder, Herr Müller?“, „Finden Sie nicht auch, Frau Bauer?“, „Das kannst du sicher bestätigen, Peter.“
- Üben Sie eine Predigt oder einen Vortrag laut und unterbrechen Sie sich selbst mit fiktiven Fragen und Einwürfen der Zuhörer, wie z. B.: „Das können Sie doch nicht so verallgemeinern!“, „Ich habe das aber anders erlebt.“, „Wie soll ich denn das alleine schaffen?“... Antworten Sie auf die (selbstgeschaffenen) Unterbrechungen und leiten Sie wieder zu Ihrer vorbereiteten Predigt über.
  (Vielleicht fallen Ihnen auf diese Weise auch neue Aspekte oder Argumente ein, die Sie in Ihre Predigt einbauen wollen)

Abschließend finden Sie hier ein kleines Übungsprogramm, das Sie vor dem Gottesdienst durchgehen können, wenn Sie sich sprecherisch vorbereiten wollen.

Schnellcheck vor dem Gottesdienst (ca. 5 Minuten)

- ✓ Text laut lesen und dabei die Lippen stark (aber locker) bewegen.
- ✓ Ersten und letzten Satz (des Textes oder der Predigt) mit aktivem Blick auf ein Ziel hin in den Raum sprechen.
- ✓ Hauptaussage des Textes (bzw. der Predigt) in einem Satz zusammenfassen.

Persönliches Kommunikationstraining

Jetzt liegt es an Ihnen, was Sie aus den Informationen und Übungen machen und wie Sie das Gelernte in Ihren Alltag transferieren.

Die folgende Tabelle soll Ihnen helfen, Ihre Ziele für das Sprechen zu ordnen und ein kleines Übungsprogramm für sich zusammenzustellen.
Gehen Sie dabei folgendermaßen vor:
In die Spalte „IST" tragen Sie den „Ist-Zustand" ein. D. h., Sie überlegen, was Ihnen an Ihrer Kommunikation derzeit noch störend auffällt. Z. B.: „Ich spreche undeutlich, wenn ich einen Vortrag halte."
In die Spalte „ZIEL" tragen Sie nun ihren Wunschzustand ein. Überlegen Sie, wie Sie kommunizieren möchten. Z. B.: „Ich möchte bei einem Vortrag verständlich sprechen und wichtige Dinge durch die Artikulation hervorheben."
In die Spalte „ÜBUNG" suchen Sie nun nach einem Weg, das gewünschte Ziel zu erreichen. Wählen Sie dazu eine passende Übung aus dem Buch aus. Z. B.: „Text von Erich Fried laut und deutlich sprechen."
In der letzten Spalte „WANN" vereinbaren Sie mit sich selbst einen Termin. Überlegen Sie wann Sie die Übung regelmäßig durchführen können, und wann es am sinnvollsten ist. Z. B.: „Ich spreche den Text immer eine Stunde vor einem Vortrag mehrmals durch."
Füllen Sie eine Zeile immer von links nach rechts aus. Nehmen Sie sich nicht zu viel auf einmal vor! Versuchen Sie realistisch zu bleiben, sonst werden Sie bald frustriert mit dem Training aufhören. Setzen Sie sich kleine erreichbare Ziele.

IST	***ZIEL***	***ÜBUNG***	***WANN***

Viel Spaß und Erfolg!

Literaturempfehlungen

Horst Coblenzer/Franz Muhar, **Atem und Stimme**, Anleitung zum guten Sprechen, öbv&hpt, 19. Auflage, Wien 1999

Horst Coblenzer, **Erfolgreich sprechen**, Fehler und wie man sie vermeidet, öbv&hpt, 4. Auflage, Wien 1999

Duden, **Das Aussprachewörterbuch**, Bibliographisches Institut und Brockhaus AG, Mannheim 2000

Hartwig Eckert/John Laver, **Menschen und ihre Stimme**, Aspekte der verbalen Kommunikation, Beltz Verlag, Weinheim 1994

Roger Fisher/William Ury/Bruce Patton, **Das Harvard-Konzept**, Sachgerecht verhandeln-erfolgreich verhandeln, Campus-Verlag, 15.Auflage, Frankfurt – New York 1996

Hellmut Geissner, **Sprecherziehung**, **Didaktik und Methodik der mündlichen Kommunikation**, Königstein/Ts. 1982

Martin Kuhlmann, **Last Minute Programm**, **für Vortrag und Präsentation**, Campus-Verlag, Frankfurt – New York 1999

Hermann Meidinger, **Stärke durch Offenheit**, Ein Trainingsprogramm zur Verbesserung der Kommunikations- und Konfliktfähigkeit von Lehrern, Cornelsen Scriptor, Berlin 2000

Samy Molcho, **Körpersprache im Beruf**, Wilhelm Goldmann Verlag, Vollständige Taschenbuchausgabe, München 2001

Siegmar Saul, **Führen durch Kommunikation**, Gespräche mit Mitarbeiterinnen und Mitarbeitern, Beltz Verlag, 2. überarbeitete Auflage, Weinheim – Basel, 1995

Friedemann Schulz von Thun, **Miteinander Reden** 1+2+3, Störungen und Klärungen; Stile, Werte und Persönlichkeitsentwicklung; Das „innere Team“ und situationsgerechte Kommunikation, Rowohlt Taschenbuch Verlag, Hamburg 1998

Roland W. Wagner, **Grundlagen der mündlichen Kommunikation**, Sprechpädagogische Informationsbausteine für alle, die viel und gut reden müssen, BVS, 8. erweiterte Auflage, Regensburg 1999

Verzeichnis der Text- und Bildquellen

Seite	Titel	AutorIn	Quelle
20	Warten	Bertolt Brecht	Kalendergeschichten, aus dem Kapitel: Geschichten von Herrn Keuner, 50. Auflage, Rowohlt Verlag, Hamburg 2001, S. 114
22	Meeres Stille	Johann Wolfgang von Goethe	Goethes Gedichte in zeitlicher Folge, 9. Auflage, Insel Verlag, Frankfurt am Main 1995, S. 352
23	Die Nachtblume	Joseph von Eichendorff	Joseph von Eichendorff, Gedichte, R. Piper GmbH und Co.KG, München 1988, S. 55
36	Tiernamen	Christian Morgenstern	Kindergedichte & Galgenlieder, Michael Neugebauer, Verlag AG, Zürich – Frankfurt – Salzburg
37	Wenn die Möpse Schnäpse trinken	James Krüss	Der wohltemperierte Leierkasten, 2. Auflage, C. Bertelsmann Verlag, München 1997, S. 85
38		Johann Wolfgang von Goethe	Johann Wolfgang von Goethe, Faust I, Walpurgisnacht (Vers 4016-4019), Philipp Reclam jun. GmbH & Co., Stuttgart 1986
38	Leilied bei Ungewinster	Erich Fried	Erich Fried, Die Schnabelsau, Leilieder und Knüllverse, Verlag Klaus Wagenbach, Berlin, S. 15
46	Haiku-Gedichte		Japanische Jahreszeiten, Tanka und Haiku aus dreizehn Jahrhunderten, 7. Auflage, Manesse Verlag, Zürich 1994
47	Das dietmarsische Lügenmärchen	Gebrüder Grimm	Kinder- und Hausmärchen, 2. Band, 15.Auflage, Manesse Verlag, Zürich 1996, S. 352
47	Ei ei	Erich Fried	Erich Fried, Es ist was es ist, Liebesgedichte, Angstgedichte, Zorngedichte, Verlag Klaus Wagenbach, Berlin 1996, S. 94f.

Seite	Titel	AutorIn	Quelle
50	Mund (Bild)	Hans Friedrich	Anderland, Postkartendruck-service – München
50	Verletzung der Landschaft, Berg (Bild)	Hans Friedrich	Anderland, Postkartendruck-service – München
55	Anti-Plak W 1007		Originalbeitrag Barbara M. Bernhard
56	Zoom-Profi Typ 1408		Originalbeitrag Barbara M. Bernhard
57	Mietrechtseintritt (§14 MRG)		Wohnrecht. Mietrecht für Mieter. AK, Wien 1998
67f.	Sprichwörter		Die deutschen Sprichwörter gesammelt von Karl Simrock, Philipp Reclam jun., Stuttgart 1988
86f.	Ratschläge für einen schlechten Redner	Kurt Tucholsky	Kurt Tucholsky, Gesammelte Werke, Band 8, Rowohlt, Reinbeck b. Hamburg 1975

Zur Autorin

Barbara Maria Bernhard ist Diplom-Sprecherin und Diplom-Sprecherzieherin. Sie wurde 1973 in München geboren. An der Staatlichen Hochschule für Musik und Darstellende Kunst Stuttgart studierte sie Sprecherziehung.

Ihre Tätigkeiten als Sprecherin umfassen zahlreiche Rezitationsprogramme, Lesungen und Sprechkonzerte sowie Synchronisationen für Fernsehproduktionen.

Barbara Maria Bernhard lehrt unter anderem an der Universität für Musik und darstellende Kunst Wien (Max Reinhardt Seminar) und in der Musical-Ausbildung „Performing Center Artists". Sie trainiert ORF-Redakteure und führt Coachings für Sprecher des ZDF durch. Zudem leitet sie Fortbildungen für LehrerInnen am Pädagogischen Institut der Stadt Wien im Bereich Rhetorik und Kommunikation.

Sie ist Autorin des Buches „Sprechtraining. Professionell sprechen – auf der Bühne und am Mikrofon", **öbv&hpt**, Wien 2002.